JOHANN PICHLER

FLUCH ODER SEGEN

CO_2

Möglichkeiten, um die
Klimaziele zu erreichen

novum pro

Dieses Buch ist auch als
e-book
erhältlich.

Bibliografische Information
der Deutschen Nationalbibliothek:

Die Deutsche Nationalbibliothek
verzeichnet diese Publikation in
der Deutschen Nationalbibliografie.
Detaillierte bibliografische Daten
sind im Internet über
http://www.d-nb.de abrufbar.

© 2025 novum publishing gmbh
Rathausgasse 73, A-7311 Neckenmarkt
office@novumverlag.com

ISBN 978-3-7116-0290-9
Lektorat: Emma J. Dharmaratne
Umschlagfotos: Surachet Vangda,
Yuliya Derbisheva I Dreamstime.com
Umschlaggestaltung, Layout & Satz:
novum Verlag
Innenabbildungen: siehe Bildquellen-
nachweis S. 8
Autorenfoto: Johann Pichler

Die vom Autor zur Verfügung gestellten
Abbildungen wurden in der bestmög-
lichen Qualität gedruckt.

www.novumverlag.com

Druckprodukt mit finanziellem
Klimabeitrag
ClimatePartner.com/16547-2311-1001

Inhaltsverzeichnis

Der Klimawandel

Seit Bestehen der Erde hat es schon viele Klimaperioden gegeben. Jedes Erdzeitalter hatte sein bestimmendes Klima.

Durch die Plattentektonik, wo sich die Kontinente vor Milliarden von Jahren verschoben haben und wiederum zusammengestoßen sind, entstanden durch Anhebung riesige Gebirgszüge, wie die Alpen und der Himalaja. Durch die Verschiebung der Platten kommt es auch jetzt noch zu verheerenden Erdbeben und Vulkanausbrüchen. In Erinnerung ist ein Erdbeben zu Weihnachten 2004 vor Sumatra, wo das Epizentrum im Meer lag und einen gewaltigen „Tsunami" auslöste. Dieser Tsunami löste eine Sturmflut aus, welche hunderttausenden Menschen das Leben kostete. Erst nach Wochen kam diese Sturmflut im Westen an den Küsten des indischen Ozeans an und niemand war darauf vorbereitet. Deshalb waren auch auf Sri Lanka viele Tote.

Es gab ein Zeitalter, in dem Österreich südlich des Äquators lag. Man kann dies im Naturhistorischen Museum in einem Film ansehen. Durch die Wanderung der Erdteile entstand überall ein anderes Klima. Ein Beweis dafür ist der Streit um die Gebiete um den Nordpol, weil jeder Staat dort die Erdöl- und Erdgaslager für sich in Anspruch nehmen will.

Wie wir aus dem Geschichtsunterricht wissen, lag Karthago zur Römerzeit in einem fruchtbaren Gebiet, südlich von Tunis, doch jetzt ist dort eine Wüste.

Es gibt jedoch auch in Wüstengebieten in größeren Tiefen Grundwasser, welches zur Bewässerung der Felder genutzt wird. Ich habe gelesen, dass in Libyen große Kartoffelfelder angelegt wurden, welche mit diesem Grundwasser beregnet werden, um Europa jederzeit mit Frühkartoffeln versorgen zu können.

Es gibt viele Faktoren, welche das Klima bilden. Dies sind hauptsächlich die Jahres-Durchschnittstemperatur und die Verteilung der Niederschläge. Weiters beeinflusst die Höhenlage, die geografische Breite, die Geländeausformung, wie Süd- oder Nordhang, und auch die Entfernung zum Meer unser Klima.

Es gibt überall auf der Welt ein anderes Klima. Auf Sizilien ist es wärmer als in Südtirol. Es können sich die Leute in der Mongolei auch nicht beschweren, weil es bei ihnen nicht so warm ist, wie in Indien. Überall leben Menschen und es wachsen dort klimaangepasste Bäume, Pflanzen und Feldfrüchte.

Dass sich unser Klima in den letzten Jahrzehnten verändert hat, haben wir alle erlebt und verspürt. Es wird kaum jemanden geben, der gegen eine Reduktion der Treibhausgase ist und für den Klimawandel eintritt.

Die Debatte darüber, muss ohne Einfluss von wirtschaftlichen und politischen Interessen oder Wichtigtuerei erfolgen. Man kann nicht die Bevölkerung in Geiselhaft und der Wirtschaft die Grundlagen nehmen, sodass diese nicht mehr konkurrenzfähig ist und die Arbeitsplätze verloren gehen.

Am 25. oder 26. März wurde im ORF-Teletext geschrieben, dass das Heizen mit Pellets umweltfreundlicher sei als das Heizen mit Brennholz. Diese Aussage ist derart falsch und kann nur von der Pellets-Industrie bezahlt worden sein.

Laub-Brennholz stammt ausschließlich aus Pflegemaßnahmen, hauptsächlich von der Durchforstung und den starken Ästen, krummen oder hohlen Stämmen von der Schlägerung. Um daraus Pellets zu erzeugen, muss dieses zuerst zu kleinen Spänen geraspelt werden, welche dann mit einem beigemischten Bindemittel (weil Laubholz keinen Harzanteil hat) gepresst werden können. Niemand weiß, welchen Ausstoß an CO_2 dieses Bindemittel emittiert.

Im Wienerwald gibt es einen Biosphärenpark, in dessen Kernzone kein Holz entnommen werden darf. Sogar von Windwürfen wird das Blochholz im Wald belassen. Beim Verfaulen des Holzes entweicht die gleiche Menge CO_2, welche darin gespeichert wurde. Beim Verheizen des Holzes würde die gleiche Menge CO_2 entstehen.

Es sollen die Fakten ehrlich aufgezeigt werden, wie **die Emissionen reduziert** werden können und wie man auf vernünftiger Basis die unvermeidlichen Treibhausgase **aus der Atmosphäre wieder entfernen** kann.

Vorgänge in der Natur

Das Klima ist der mittlere Zustand der Atmosphäre an einem bestimmten Ort oder in einem bestimmten Gebiet über einen längeren Zeitraum.

Oftmals werden die Begriffe ‚Klima‘ und ‚Wetter‘ als gleichwertig gebraucht.

Mit **Wetter** meinen wir, was heute oder morgen draußen passiert: scheint die Sonne, gibt es Regen oder ist es stürmisch?

Mit Klima ist das gesamte Wetter über eine längere Zeit in einem bestimmten Gebiet gemeint.

Wasserdampf (Wolken und Nebel) hat den größten Einfluss auf unser Wetter.

Klimabestimmende Faktoren

Klimaelemente sind **Temperatur, Niederschlag** und **Bewölkung.**

Die wesentlichen, **natürlichen Klimafaktoren** sind geographische Breite, topographische Höhe und Exposition (Gebirgszüge), Entfernung vom Meer und anderen größeren Wasserflächen, Bodenart und Bodenbedeckung.

Einen wesentlichen Einfluss auf das Klima hat die **Hauptwindrichtung.** Hier wiederum sind die **Hoch- und Tiefdruckgebiete** entscheidend.

Man unterscheidet zwischen **fünf großen Klimazonen:** Polarzone, Subpolarzone, Gemäßigte Zone, Subtropen und Tropen.

Die wichtigsten **Klimaelemente** sind Temperatur, Luftdruck, Wind, Niederschlag, Bewölkung, Sicht, Sonnenscheindauer und Strahlung (http://www.dwd.de).

Das **Klima wird aus den langjährigen Mittelwerten der Klimaelemente** (Temperatur, Niederschlag, Luftdruck, Wind, Luftfeuchtigkeit, Sonnenscheindauer, Bewölkung) **ermittelt**.

Durch den **Treibhauseffekt** ändert sich das Klima vor allem durch die Sonnenstrahlen, die auf die Erde treffen. Diese werden von natürlichen Gasen und Wolken aufgenommen und zu einem Teil auf die Erde zurückgestrahlt. Dadurch tritt eine Erwärmung der Atmosphäre ein. Die wärmere Luft kann mehr Feuchtigkeit halten und trocknet daher durch die Luftbewegung den Boden aus.

Klimaunterschiede gibt es in den Vegetationszonen.

Tundra (Dauerfrost), borealer (nördlicher) Nadelwald/**Taiga**, Laub- und Mischwald, **Steppe**, Hartlaubgehölze, **Wüste, Savanne** und **tropischer Regenwald.**

Die Klimazonen in Europa haben einen Anteil an drei großen Klimazonen: der **subpolaren Zone** mit borealem und Tundren-Klima **im Norden**, den **Mittelbreiten** mit gemäßigtem Klima sowie den südlich angrenzenden **Subtropen.**

Die Einflüsse vom Atlantik nehmen von Westen nach Osten ab und man spricht deshalb davon, dass das Klima zunehmend kontinentaler geprägt ist.

Die Niederschlagsmengen und Temperaturen sind teilweise durch die Geländeausformung abhängig. Bei einer Südströmung kann es im Winter in den Staulagen der Alpen zu enormen Schneefällen kommen, während nördlich der Alpen durch den Föhn verhältnismäßig hohe Temperaturen herrschen und durch Regen die Landschaft schneefrei ist.

Die Treibhausgase

Treibhausgase sind diejenigen Gase in der Erdatmosphäre, die den sogenannten Treibhauseffekt produzieren.

Treibhausgase sind **Verbindungen** von einzelnen Elementen, hauptsächlich von **Kohlenstoff, Sauerstoff, Stickstoff und Wasserstoff.**

Die meisten Treibhausgase können einen natürlichen, aber auch einen anthropogenen (menschengemachten) Ursprung haben.

Die bekanntesten Treibhausgase wie **Kohlenstoffdioxid (CO_2) 407 ppm, Methan (CH_4) 1800 ppb** und **Lachgas (N_2O) 320 ppb** (In milliardstel Teilen) sind von Natur aus in geringeren Mengen in der Atmosphäre vorhanden.

Neben diesen Spurengasen, die nur in sehr geringen Konzentrationen in der Atmosphäre zu finden sind, **ist Wasserdampf** (Nebel oder Wolken) mit **bis zu 60 % das wohl wichtigste Treibhausgas.**

Bei dem menschengemachten Klimawandel können wir auf den Wasserdampf (Bewölkung) keinen Einfluss nehmen.

Die Konzentration der Treibhausgase in der Atmosphäre unterliegt immer wieder Schwankungen als Folge verschiedener Prozesse (z. B. dem natürlichen Wechsel von Kalt- und Warmzeit, Vulkanismus, etc.). Für die letzten 800.000 Jahre konnten CO_2-Konzentrationen zwischen 180 und 300 ppm (parts per million) aus arktischen Eisbohrkernen und Sedimentbohrungen rekonstruiert werden.

Die einzelnen Elemente und deren Verbindungen werden in eigenen Kapiteln beschrieben.

Nach einer Studie verursacht ein Mensch pro Jahr 11 Tonnen Treibhausgase. Bei 9 Milliarden Menschen sind dies ungefähr 100 Milliarden Tonnen.

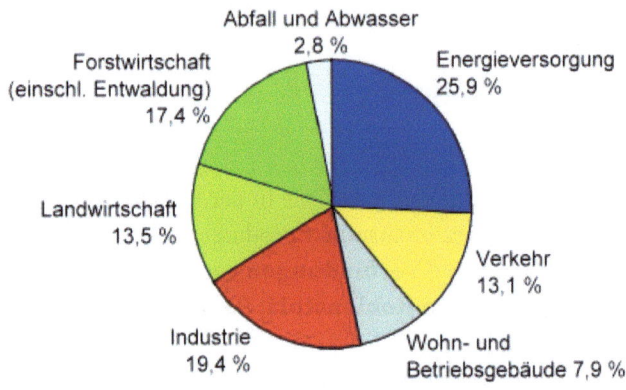

Industrie	*19,4 %*	*15,14 Mio. Tonnen Treibhausgase*
Energie/Strom	*25,9 %*	*20,20 Mio. Tonnen Treibhausgase*
Verkehr	*13,1 %*	*10,22 Mio. Tonnen Treibhausgase*
Gebäude/Heizung	*7,9 %*	*6,16 Mio. Tonnen Treibhausgase*
Abfall u. Abwasser	*2,8 %*	*2,18 Mio. Tonnen Treibhausgase*

| Landwirtschaft | 13,5 % | 10,53 Mio. Tonnen Treibhausgase |
| Forstwirtschaft | 17,4 % | 13,57 Mio. Tonnen Treibhausgase |

Nach dieser Aufstellung hätten Land- und Forstwirtschaft gemeinsam 30,9 % Anteile an den gesamtem Emissionen, diese wurde seither schon einige Male nach unten Korrigiert.

In Österreich (lt. Statistik Austria 2024) **wurden 2023 69 Millionen Tonnen Treibhausgase emittiert.**

Unerklärlich ist mir die Höhe der Emissionen in der Land- und Forstwirtschaft. Wieso wird die Entwaldung in fernen Ländern bei Österreich als Emission gerechnet, obwohl die Waldfläche jährlich zunimmt?

Als Begründung dafür wird auch die Emissionen der **Tierhaltung**, dem Wirtschaftsdünger (Mist, Gülle) dem

Stickstoffdünger (notwendig für Chlorophyll- und Eiweißbildung in den Früchten).

Klimagase entstehen in landwirtschaftlichen Böden bei der Verrottung der eingeackerten Gründüngung.

Dies sind ganz **natürliche Vorgänge**, welche notwendig sind, um gesunde Pflanzen zu bekommen, welche über das Chlorophyll mit der Photosynthese das CO_2 aus der Atmosphäre entnehmen und für uns **Nahrungsmittel bilden können.**

Wenn man den geringen Anteil an Treibstoff für die Bearbeitung anführen will, könnte ich dies noch verstehen.

Frage an Chat-GPT: Wie viele Motorräder gibt es in Österreich und wieviel CO_2 emittieren diese?

Gesamt für alle Motorräder in Österreich: pro 100 km verbraucht ein Motorrad im Durchschnitt 5,- Liter Benzin, das sind 200 Liter pro Stück und Jahr. Das sind 464 kg CO_2 x 550.000 Motorräder ergibt 255.000 Tonnen pro Jahr.

1 Liter Benzin hat eine Emission von 2.32 kg CO_2. 1 Liter Diedel von 2,64 kg CO_2.

<u>Ebenso wird nicht angeführt,</u>

- wie viele Treibhausgase bei der Kompostierung, in Kläranlagen, bei den Biogasanlagen, wo Methan – CH_4, Lachgas – N_2O und Kohlenstoffdioxid – CO_2 entsteht.
- wie viel Methan in den Mooren entsteht.
- wie viel CO_2 bei der Gärung von Wein und Most entsteht.

Österreich hat einen Anteil von 0,22 % (ca. ¼ Prozent) der weltweiten Treibhausgas-Emission.

Entnahme der Treibhausgase aus der Luft

Es wird niemand bestreiten, dass wir den Ausstoß von CO_2 verringern oder der Atmosphäre entnehmen müssen.

Ich wollte genauere Daten haben und verwendete **ChatGPT**, um von der „Künstlichen Intelligenz" mehr zu erfahren.

Dabei bekam ich folgende Meldung:

CO_2-Sequestrierung durch die Landwirtschaft

- **Landwirtschaftliche Fläche**: 2,4 Millionen Hektar
- **Durchschnittliche CO_2-Sequestrierung pro Hektar**: 13 Tonnen CO_2 (angenommen, basierend auf Körnermais) *(13 Tonnen ist die negative Emission)*
- **Gesamte CO_2-Sequestrierung durch Landwirtschaft**: 2,4 Millionen Hektar * 13 Tonnen **CO_2/Hektar = 31,2 Millionen Tonnen CO_2 pro Jahr Gesamte CO_2-Sequestrierung durch Land- und Forstwirtschaft**
- **Gesamte CO_2-Sequestrierung durch Land- und Forstwirtschaft**: 30 Millionen Tonnen CO_2 (Wälder) + 31,2 Millionen Tonnen CO_2 (Landwirtschaft) = 61,2 Millionen Tonnen CO_2 pro Jahr.

Dies würde für 2023, bei einer Emission von 69,– Mio Tonnen ein Defizit von 7,8 Mio. Tonnen ergeben.

Auf die Frage, ob Photosynthese und Sequestrierung gleiche Begriffe sind, wurde dies bejaht, doch bedeutet Sequestrierung eine endgültige Speicherung.

Ich antwortete, dass dies ein Taschenspielertrick sei und bekam nachfolgende Antwort:

Realistische Einschätzung: Die Berechnung der Sequestrierung und die Berücksichtigung aller CO_2-Flüsse ist notwendig, um realistische und umsetzbare Maßnahmen zu entwickeln.

Ohne diese umfassende Betrachtung könnte man die Herausforderungen unterschätzen und ineffektive oder unzureichende Maßnahmen ergreifen.

Ich verstehe dies folgendermaßen, dass man ein kompliziertes Wort erfindet, um einen **negativeren Wert** zu erreichen.

Der Wald leistet mit seinem Zuwachs, (jährl. Zuwachs 30 Mill. Vfm) ca. 30 Mio. Tonnen und die Landwirtschaft mit seinen Produkten u. Begrünungen, lt. Chat-GPT, ca. 31,2 Mio. Tonnen.

So wären **insgesamt nur mehr 7,8 Mio. Tonnen einzusparen.** Diese Daten stammen aus 2023 und durch die bereits durchgeführten Klimaschutzmaßnahmen konnten die Emissionen von 2019 mit 78 Mio. Tonnen auf ca. 69 Mio. Tonnen reduziert werden. Dies sind die letzten Daten von Statistik Austria, welche ich gefunden habe.

Interessant wäre der Eintrag von Treibhausgasen, welche durch Wind und Stürme mit dem Saharastaub zu uns kommen.

Auch wäre vielleicht zu erwähnen, wie viel CO_2 von den Waldbränden in den Mittelmeerländern zu uns gelangt sind.

Ich nehme nicht an, dass von den Bränden in Kanada im Vorjahr CO_2 zu uns verfrachtet wurde. Es wurde einmal im ORF ZIB gezeigt und gesagt, dass die Brände in Kanada so gewaltig waren und so viel Treibhausgase verursacht haben, als Österreich insgesamt in 15 Jahren emittiert.

Wie viel CO_2 verursachen der Krieg in der Ukraine und Israel? Bei der Erzeugung der Waffen und Munition wird sicher auch CO_2 an die Luft abgegeben.

Ich glaube, die Liste ließe sich noch erheblich fortsetzen.

Grundwissen

Um bei der Klimadebatte mitreden zu können, brauchen wir ein gewisses Grundwissen, um die Wissenschaft und die sogenannten „Experten" zu verstehen. Diese werfen mit Fachausdrücken und Mengenangaben um sich, sodass wir diese auch den „selbsternannten Wissenschaftlern" glauben müssen, weil wir den Mengenangaben nicht folgen können.

Da ich vom Beruf her vom Wetter (Kälte und Regen) betroffen war, haben mich diese Aussagen interessiert und ich bin diesen nachgegangen. Dabei bin ich auf viele Ungereimtheiten gestoßen. Diese machten mich erst recht neugierig, um gewisse Behauptungen besser zu verstehen und Wahrheit von Unwahrheit unterscheiden zu können.

Am häufigsten werden bei Schadstoffmengen die Ausdrücke von **„ppm"** und **„ppb"** verwendet.

Dabei handelt es sich aber nur um Steigerungen von Prozent und Promille.

Man muss sich diese mathematischen Fachausdrücke nur bildlich vor Augen zu führen.

Ich habe mich bemüht, in einigen Beispielen diese Bezeichnungen und deren Bedeutung darzustellen.

Mathematisch:

0,01	1 hundertstel Teil	=	1 %	Prozent
0,001	1 tausendstel Teil	=	1‰	Promille
0,000001	1 millionstel Teil	=	1 ppm	Parts per Million
0,000000001	1 milliardstel Teil	=	1 ppb	Parts per Billion (amerik.) Milliarde

In Geld:

1 €	=	1 %	von	100 €	von Hundert Euro
1 €	=	1 ‰	von	1.000 €	von Tausend Euro
1 €	=	1 ppm	von	1,000.000 €	von einer Million Euro
1 €	=	1 ppb	von	1.000,000.000 €	von einer Milliarde Euro

Zusammensetzung der Luft in Bodennähe

Eine Studie von Herrn Prof. Dr. Christian-Dietrich Schönwiese, Leiter der Klimaforschung an der Goethe-Universität in Frankfurt/Main, hat in zahlreichen Publikationen die Zusammensetzung der Elemente der Luft in Bodennähe ohne Berücksichtigung des Wasserdampfes beschrieben.

Die ZAMAG Wien hat im Jahr 2008 den Klimawandel auf Grund dieser Studie zu erklären versucht. Dabei wurde damals der (Kohlendioxidgehalt) – CO_2 – der Luft mit **382 ppm** angegeben, welcher sich nach anderen Publikationen bis 2018 auf **407 ppm** erhöht hat.

Wie man die Teile der Elemente anschaulich machen kann

In nachfolgender Tabelle habe ich versucht, eine Zusammenstellung der Elemente nach Prof. Dr. Schönwiese in:

Die Daten konnte ich aus dem Internet https://www.zobodat.at › pdf › Umwelt-SchrReihe…März 2022 und Wikipedia in Erfahrung bringen und habe Teile davon in nachfolgender Tabelle zusammengestellt:

Anteile der Elemente in der Atmosphäre (Prof. Dr. Schönwiese)		Anteil in der Luft in %	Milliardstel Teil ppb	Spez. Gewicht reines Gas kg je m³	200 m Luft auf 10.000 m² 2 Mio. m³ / kg	1 kg des Elements ist in folgenden m³ Luft vorhanden
Lachgas	N_2O	0,000032	320	1,97800	127	15 798,787
Kohlendioxid	CO_2	0,040700	407.000	1,97700	160 928	12,428
Sauerstoff	O_2	20,948000	209.480.000	1,42900	59 869 384	0,033
Stickstoff	N_2	78,084000	780.840.000	1,25100	195 366 168	0,010
Methan	CH_4	0,000180	1.800	0,71700	258	7 748,334
Wasserstoff	H_2	0,000055	550	0,08988	10	202 289,922
Helium	He	0,000524	5.240	0,17800	187	10 721,331
Neon	Ne	0,001818	18.100	0,84000	3 054	654,827
Argon	Ar	0,934000	9.340.000	1,78400	3 332 512	0,600
Krypton	Kr	0,000114	1.140	3,74900	855	2 339,805
Xenon	Xe	0,000009	90	5,89700	106	18 841,972

In der Tabelle sind folgende Größen und Werte angegeben:

- Prozenten – **ppb** (milliardstel Teilen)
- Spezifisches Gewicht des Gases in absteigender Reihenfolge
- Anteil in Kilogramm (kg) je m³ Luft,
- Menge des Elements in kg welches in 2 Mio. m³ Luft enthalten ist (1 ha mal 200 m Höhe)
- **Menge der Luft** in **m³**, welche **für 1 kg des Elements** erforderlich ist.

In einem Raum von 1 Hektar (10.000 m²) und einer Höhe von 200 Metern sind in 2 Mio. m³ Luft und darin folgende Mengen der Gase enthalten:

Die Treibhausgase:	Die Edelgase:
1 953 000,00 kg Stickstoff	1,87 kg Helium
598 690,00 kg Sauerstoff	30,54 kg Neon
1 609,00 kg Kohlenstoffdioxid – CO_2	33 325,12 kg Argon
2,60 kg Methan	8,55 kg Krypton
1,27 kg Lachgas	1,06 kg Xenon
0,10 kg Wasserstoff	

Die Edelgase verbinden sich unter normalen Bedingungen nicht mit anderen Elementen.

Die, als **Treibhausgase** bedeutenden Elemente, **sind spezifisch am schwersten** und **drängen** immer **in Bodennähe**. Zu bemerken ist dies am deutlichsten, wenn man eine Bergwanderung macht und beim Atmen spürt, dass man weniger Luft bekommt. Der Sauerstoff ist spezifisch schwerer und sinkt in tiefere Lagen ab.

CO_2 zählt zu den schädlichsten Klimagasen und ist neben Lachgas – N_2O – am schwersten. Sauerstoff und Stickstoff sind annähernd gleich schwer und befinden sich ebenfalls in Bodennähe, in unserem Lebensbereich.

Das sehr klimaschädliche Gas, Methan – CH_4 – ist eines der spezifisch leichtesten Gase und verflüchtigt sich nach der Entstehung in obere Regionen.

Eine Behauptung, dass 1 Kilo Methan (CH_4) 28-mal schädlicher ist als 1 Kilo CO_2, ist bei der Klimadebatte ein beliebtes Szenario.

Eine Fangfrage bei Kindern war immer: was ist schwerer, 1 Kilo Gänsefedern oder 1 Kilo Gold?

Den Unterschied merkt man, wenn man sich diese auf die Zehen fallen lässt.

1 Kilo eines Elementes ist in folgenden **m³ Luft enthalten** und **verflüssigt** sich bei **minus Grad C°**:

Stickstoff	1,02 m³	- 196 °C
Sauerstoff	3,34 m³	- 183 °C
CO_2	1 242,00 m³	- 56 °C
Methan	7 748 334,00 m³	- 156 °C
Lachgas	1 579 878,00 m³	-88 °C
Wasserstoff	20 228 992,00 m³	-252 °C
Ammonium	(NH_4)	- 33 °C

In der Natur ist der **Sauerstoff** in der Luft zum Atmen und **Stickstoff** nur in Verbindungen als Dünger und zur Bildung von lebensnotwendigem Eiweiß notwendig. CO_2 brauchen alle Pflanzen zur Photosynthese, damit sie wachsen können und allen Lebewesen als Nahrung dienen.

Ich habe mich vor kurzem mit der Biologin Mag. Karin Kaiblinger (Freundin meiner Tochter) über das CO_2 unterhalten.

Sie sagte spontan: **„CO_2 ist das Gas des Lebens."**

Wasserstoff ist das leichteste Gas und ist für uns Menschen in Verbindung mit Sauerstoff zu Wasser von großer Bedeutung. Wasserstoffverbindungen mit Kohlenstoff zu Methan und einigen anderen zu Säuren sind für uns ebenso wichtig.

Die anderen, von Prof. Dr. Schönwiese, angeführten Gase, aufgereiht nach ihrem spezifischen Gewicht :.

Xenon, Krypton, Neon und Helium sind Edelgase und gehen keine Verbindungen mit anderen Elementen ein.

Vom Menschen verursachte Eingriffe in die Natur, welche zum Teil einen Einfluss auf unser Klima haben, sind:

Die Entwaldung durch Rodung

In Europa

Mit der Besiedelung in Mitteleuropa brauchte die Bevölkerung Weide- und Ackerland. Auch wurden die spärlichen Erzvorkommen genutzt, hauptsächlich Eisen, aber auch Nickel und Kupfer. In manchen Gebieten wurde wegen der Salzgewinnung viel Holzkohle benötigt und deswegen großflächig im Gebirge viel Holz geschlägert. Auch war das Holz ursprünglich das einzige Heizmaterial, weil man die Kohle noch nicht kannte. Im 17. Jahrhundert wurde mittels Flößerei Brennholz bis nach Wien gebracht.

In der Zeit der Pest und der Kriege wurden ganze Landstriche entvölkert und die Waldfläche nahm wieder zu. In England, Schottland und Irland wurden im Mittelalter große Flächen gerodet, um Weideland für die Schafherden zu gewinnen. Englische Stoffe aus Schafwolle waren am Kontinent sehr begehrt und brachten gute Erlöse. In Schottland, den sogenannten Highlands, haben die Schafe alle guten Gräser abgeweidet und das Heidekraut konnte sich vermehren.

Durch die Niederschläge wurde die Humusschicht abgeschwemmt und hat sich in Mulden gesammelt. Dieses Material wurde durch die Jahrhunderte zu Torf, welchen man als Heizmaterial verwendet. Dieser Torf gibt dem Whisky seinen rauchigen Geschmack, wodurch er weltberühmt wurde.

Heute sind die Highlands mit einer Fläche von tausenden Hektar fast unbewohnt und es ist dort schwierig, auf dem felsigen Untergrund mit einer Rohhumusauflage wiederum eine Gras-, Strauch- oder Baum-Vegetation zu bekommen. In den sumpfigen Mulden hat man nach dem Ersten Weltkrieg auf Anraten kanadischer Soldaten Aufforstungen mit Sitka-ichte (Picea sitchensis) gemacht. Das Saatgut kam aus Britisch-Columbien.

In Irland brauchte man wegen der starken Zunahme der Bevölkerung die Flächen für Weide- und Ackerland. Im 17. Jahrhundert brach wegen der Kartoffelkrautfäule eine Hungersnot aus, welche vielen Menschen das Leben kostete. Es begann dann eine große Auswanderungsbewegung nach Amerika. Erst nach dem Zweiten Weltkrieg wurden jene Böden mit wenig Ertrag in Irland wieder aufgeforstet.

Russland - Sibirien

In Russland, der damaligen Sowjetunion, wurden zur Erfüllung des Plansolls viele Flächen gerodet und das Holz meist exportiert, um Devisen zu bekommen. Diese Rodungen erfolgten auch großflächig in Sibirien. Ich war 1979 mit einer Reisegruppe in der Nähe von Irkutsk, wo am 11. Juni die Apfelbäume blühten und die Getreidefelder vielleicht 5 cm hoch waren. Uns hat man erzählt, dass dies eine besondere Züchtung des Weizens ist. Doch bei kühlen und nassen Sommern gibt es sehr oft Missernten. Der Baikalsee beginnt Mitte September zuzufrieren.

Ich habe gehört, dass diese Flächen teilweise wieder aufgeforstet werden. Es werden auch Versuchsaufforstungen mit Holzarten aus dem Himalaya, aus Canada und Alaska gemacht. Ich habe mir eine Handvoll Samen der Baikal-Ceder mitgenommen und im Forstgarten in einem Gewächshaus in Töpfen angebaut. Es haben aber nur wenige gekeimt und die Pflanzen waren nach einigen Jahren erst ca. 8 cm hoch. Die Bäume wachsen sehr langsam und brauchen mindestens die doppelte Anzahl an Jahren, um jene Stärke wie bei uns zu erreichen. Sehr bekannt ist die Sibirische-Lärche, welche sehr enge Jahrringe hat und als Schnittholz sehr begehrt und auch sehr teuer ist.

Nordamerika

Mit der Entdeckung Amerikas kamen aus Europa aus den dicht-besiedelten Ländern, anfangs aus Irland und England, später auch Gruppen aus Deutschland, der Schweiz und auch aus Österreich, welche wegen ihrer Religion verfolgt wurden, nach Amerika. Hier fanden sie reichlich Weide- und Ackerland vor, welches zuerst, hauptsächlich bis zum Mississippi, besiedelt wurde. Hier wurden keine wesentlichen Rodungen gemacht, da wegen der Trockenheit höchstens ein Strauchwald vorhanden war und die Flächen als Weideland diente.

Nordamerika, wo die Küstenregion im Osten bewaldet und von der „indigenen Bevölkerung" sehr dünn besiedelt war, wurde von Frankreich und England in Besitz genommen.

Um Acker- und Weideland zu gewinnen, wurden geeignete Flächen gerodet, um auf den landwirtschaftlichen Flächen so viele Lebensmittel zu produzieren, welche zum Überleben reichten.

„Der Westen Nordamerikas wurde aus dem asiatischen Raum, aus China, Russland und Japan besiedelt. In Oregon und vor allem in Portland war bis ins 19. Jahrhundert eine mehrheitlich russische Bevölkerung. Dies wurde uns anlässlich einer Exkursion 1987 in BC, Washington, Oregon und Kalifornien, in dem Douglasiengebiet, erzählt.

Ab dem 17. Jahrhundert wanderten Menschen aus verschiedenen Regionen Europas in die englischen und französischen Kolonien in Nordamerika ein. Sie suchten oft Schutz vor politischer Verfolgung und Freiheit für die Ausübung ihrer Religion."

Da man in Kalifornien Gold gefunden hat, entstand ein „Goldrausch", welcher durch den Eisenbahnbau über die Roky-Mountains vielen Auswanderern die Reise erleichterte. Landwirtschaftstaugliche Flächen wurden gerodet, um die ankommenden Menschen zu ernähren. Viele kamen auch, um wertvolle Mineralien zu finden.

Südamerika

In Südamerika waren Expeditionen von den Spaniern auf der Suche nach Edelmetallen, vorwiegend Gold, welches man anfangs den Inkas I abgenommen hat, aber auch nach anderen wertvollen Erzen gestartet.

Brasilien

Eine große Debatte herrscht bei uns in den Medien derzeit über die Abholzung und das Abbrennen des Regenwaldes. 2013 nahm ich bei einer Brasilien-Reise teil, weil mich das Thema Regenwald interessierte. Da unsere Reisegruppe nur aus 2 Personen bestand (meiner Partnerin und mir), hatten wir mehr Zeit und konnten auch andere Orte aufsuchen und vom Reiseleiter viel von der Geschichte und der Entwicklung dieses Landes erfahren.

Brettwurzel – Dunkle Linie am Stamm zeigt den Wasserstand in der Regenzeit an. Brettwurzel erhöhen die Standfestigkeit des Baumes.

An der dunkleren Linie am Stamm sieht man noch den Wasserstand von der Regenzeit.

Die Spanier hatten in der Küstenregion von Brasilien nichts Wertvolles gefunden und es war daher für sie uninteressant. Das kleine Land Portugal hat sich im 16. Jahrhundert dieser Gegend angenommen.

Landkarte Brasilien

Landkarte von Brasilien – Größenvergleich mit Österreich

Brasilien: Fläche 8,516.000 km²
Österreich: Fläche 83.878 km²
Brasilien ist das fünftgrößte Land der Erde und
ist 101-mal so groß wie Österreich.

Der König teilte das Land in Regionen auf und vergab diese an junge Adelige. Nach einigen Jahren gaben die meisten wieder auf und fuhren nach Europa zurück.

Im Amazonas-Regenwald fand man eine Holzart (Paubrasilia echinata) aus der man einen besonders schönen roten Farbstoff gewinnen konnte. Man nannte es damals Brasilholz, welches dann dem Land den Namen gab.

Ähnliches sahen wir im Bundesstaat „Minas Gerais", wo im 17. u. 18. Jahrhundert viele wertvolle Erze gefunden wurden.

Zum **Schmelzen dieser Erze** wurde Holzkohle gebraucht. Deshalb wurde großflächig der Wald geschlägert. Ein Aufforsten war vor 400 Jahren nicht üblich und wurde auch aus Kostengründen nicht gemacht.

Da man in Brasilien damals noch keine Steinkohlevorkommen kannte, welche in günstiger Entfernung lagen, wurde Holzkohle zum Schmelzen der Erze verwendet. Brasilien hat, soviel man jetzt weiß, fast kein Kohlevorkommen.

Deshalb wurden die naheliegenden Wälder abgeholzt und daraus Holzkohle gewonnen. Der Bedarf an Holzkohle wird sicher enorm gewesen sein und wurde auch aus großen Entfernungen herangeschafft.

Es war auch in Europa üblich, dass die Erze anfangs mittels Holzkohle geschmolzen wurden.

Heute gibt es im großen Umkreis von „Oro Preto", der damaligen Hauptstadt und dem Zentrum der Erzgewinnung, keinen Wald mehr.

Die abgeholzten, landwirtschaftlich nutzbaren Flächen wurden zur Produktion von Nahrungsmitteln genutzt, die bergigen Gebiete blieben kahl und dort wurde vielfach das Erdreich abgeschwemmt. Nur in einigen kleinen Mulden werden Aufforstungen mit Eukalyptus gemacht.

Im 18. Jahrhundert entdeckte man, dass im Regenwald Bäume standen, aus deren Saft Kautschuk gewonnen werden konnte, die sogenannten Gummibäume. Am Zusammenfluss von Rio Solimões (europäisch Amazonas) und Rio-Negro entstand die Großstadt Manaus, das Zentrum des Kautschukhandels.

Ab Manaus heißt der Fluss erst offiziell Amazonas. Er hat eine Breite von mehreren Kilometern und eine Tiefe von 70 Metern. Deshalb können bis Manaus die Hochseeschiffe den Amazonas, ungefähr 2200 km vom Atlantik her, befahren.

Manaus ist eine Millionenstadt und es gibt auch zahlreiche Fabriken. Zum Beispiel steht dort die größte Honda-Fabrik, in der die meisten Motorräder erzeugt werden. Wir sahen im

Hafen ein Hochseeschiff, welches gerade mit Motorrädern beladen wurde.

Im 19. Jahrhundert hatte diese Stadt schon 1,5 Mio. Einwohner und es gab viele Millionäre, welche sich prunkvolle Villen bauen ließen. Auch das weltberühmte Opernhaus zeugt heute noch von diesem Reichtum. Manaus ist die Hauptstadt des Bundesstaates Amazonas.

Es war durch Todesstrafe verboten, Samen dieses Gummibaumes zu exportieren. Engländern ist es aber gelungen, über Peru an diese Samen zu kommen. Sie haben in Malaysia und Indochina Plantagen angelegt und konnten so die Produktion steigern und das Produkt billiger auf den Markt bringen. Bei einer Rundreise in Kambodscha und Vietnam 2018 sahen wir in Vietnam noch solche Plantagen. Der Naturkautschuk, welcher für manche Zwecke noch gebraucht wird und einen guten Preis erzielt, wird mit der gleichen Methode, wie bei uns das Harz der Schwarzkiefer gewonnen.

Erst mit der Erzeugung dieser Gummiwaren aus Erdölprodukten kam im 19. Jahrhundert der Niedergang der Kautschukgewinnung aus dem Regenwald. Heute hat Manaus ca. 2 Mio. Einwohner und ist eine Industriestadt.

Es haben sich viele Betriebe angesiedelt, weil die Arbeitskräfte verhältnismäßig billig waren. Der Verkehr spielt sich, mit Ausnahme in der Stadt, hauptsächlich per Motorbooten auf dem Wasser ab.

Anlässlich einer Rundreise in Brasilien hatten wir in Salvador de Bahia viel Zeit und fuhren mit einem Taxi ins Landesinnere nach Sao Felix.

Bei dieser Fahrt kamen wir, ich schätze vielleicht, 160 km durch eine Grassteppe, wo bis vor ca. 150 Jahren noch Zuckerrohrplantagen waren. Jetzt stehen auf den Feldern noch vereinzelt Zuckerrohrpflanzen und einige Sträucher. In diesem Gebiet gibt es keine Siedlungen oder Häuser mehr. Auch an zwei Ruinen von

Zuckerfabriken fuhren wir vorbei. Unser Fremdenführer erzählte uns, dass sich seit der Züchtung der Zuckerrübe in Europa der Anbau des Zuckerrohres nicht mehr rentiert hat.

Die Farmen wurden verlassen und die Arbeiter sind weggezogen. Das Land liegt seit vielen Jahrzehnten brach, obwohl es fruchtbar wäre.

In Sao Felix besuchten wir eine Zigarrenfabrik von Dannemann, wo spezielle Zigarren noch mit der Hand gerollt werden und sehr teuer sind (1 Stück 26,– $).

Es wurde uns pro Person eine Patenschaft für einen Baum angeboten, welcher für uns gepflanzt wurde. Einige Jahre hindurch bekamen wir jährlich ein E-Mail mit einem Foto von diesem Baum. Vielleicht könnte mit solchen Patenschaften der ehemalige Regenwald wieder aufgeforstet werden.

Da man für diese Arbeiten in den Plantagen und der Erzgewinnung viele Leute brauchte, wurden bereits die ersten Sklaven um 1530 nach Brasilien gebracht. Erzählt wurde uns, dass diese anfangs in Afrika angeworben wurden. Kinderreiche Familien verkauften meist kräftige Burschen und auch Mädchen.

Diese Familien brauchten das Geld, um in Afrika überleben zu können. Aber sehr bald, so um 1550, wurde der Sklavenhandel von Verbrechern ausgeübt, welche die jungen Männer einfach gefangen nahmen und in Brasilien und viel später erst in Nordamerika verkauften.

Anfangs kamen die Sklaven nach Bahia für die Zuckerrohrplantagen, später auch nach Minas Gerais in die Bergwerke.

Zuckerfabrik

Man hat den Sklaven großteils auch erlaubt, dass sie ihre Kultur weiterhin pflegen durften. Sie mussten nur den christlichen Glauben annehmen und konnten sich sogar, wie wir sehen konnten, in der Stadt Salvador de Bahia eine wunderschöne, ich glaube, sie heißt „die blaue Kirche", bauen.

Der Anbau des Zuckerrohres und der Export des Zuckers brachte dem Land einen gewissen Reichtum. Der Reiseführer erklärte uns, dass in der Zeit der napoleonischen Kriege in Europa gegen Frankreich und deren Verbündete ein Zuckerembargo verhängt wurde.

In Europa hat man geforscht und die Zuckerrübe gezüchtet. Deshalb wurde die Bewirtschaftung der Zuckerrohrplantagen unrentabel und die Grundeigentümer und die Arbeiter haben dieses Gebiet verlassen. Es hat sich bis jetzt noch niemand gefunden, diese Flächen zu bewirtschaften. Ich habe gelesen, dass dort, nach Abbrennen des Grasfilzes, Ackerbau möglich sein soll. Auch hört man von Sojaanbau, doch dazu bräuchte man wahrscheinlich eine Bewässerungsmöglichkeit. Jedenfalls liegen hier hunderttausende Hektar Ackerland brach und könnten mit Kulturpflanzen bebaut werden, was sich für die Umwelt günstig auswirken würde.

Brachland in Bahia

Im 17. Jahrhundert rodete man die Flächen zum Anbau von Zuckerrohr. Man brauchte dazu bei der Zuckergewinnung zum Verdampfen des Wassers viel Holz, welches aus dem angrenzenden Wald genommen wurde. Deshalb wurden die zur Bewirtschaftung tauglichen Flächen immer größer und daneben entstanden riesige Ödland-Flächen. Bei uns würde sich die Natur in 100 Jahren, auch ohne Bewirtschaftung, die Flächen wieder zurücknehmen. In dem trockenen, tropischen Klimagebieten siedeln sich nur vereinzelt, meist durch Vogelsaat, wiederum Sträucher an.

Vor Kurzem wurde eine Dokumentation über die Amischen im Fernsehen gezeigt. Aus religiöser Überzeugung dürfen sie keinen elektrischen Strom, kein Auto, keinen Traktor und auch kein Telefon verwenden.

Das Hauptsiedlungsgebiet war die Gegend um Lancaster in Pennsylvania. 1992 kam ich anlässlich einer Rundreise von New

York und den Niagara-Wasserfällen auch in diese Gegend. Uns wurde in einem Freilichtmuseum die Lebensweise dieser „Amish People" erklärt. Sie verdienen ihren Lebensunterhalt mit dem Anbau von Tabak, weil dazu viel Handarbeit nötig ist. Durch das Rauchverbot wird jetzt weniger Tabak benötigt.

2004 kam ich bei einer Rundreise im Mittelwesten wiederum dort vorbei und ich traute meinen Augen nicht, als in den Geschäften des Freilichtmuseums dort chinesisches Personal auch Waren aus China angeboten hat.

Viele der „Amish People" gingen in die Stadt oder schafften sich Maschinen an, um andere Früchte anzubauen und wurden deshalb aus der Religionsgemeinschaft ausgeschlossen.

In einer TV-Dokumentation im „Servus TV" über die „Amish People" wurde gezeigt, dass einige Gruppen aus Pennsylvania - USA das Land verkauft haben und nach Peru gezogen sind. Im Amazonasregenwald gab es schon kleine Siedlungen von Indigenen und von diesen konnten sie landwirtschaftliche Ackerflächen kaufen.

Der Anführer der Gruppe erklärte, dass dieser Boden gut sei und sie werden größere Flächen roden, um genug Nahrungsmittel für die ganze Gruppe produzieren zu können.

Malaysia und Indonesien

Mit einer forstlichen Reisegruppe kam ich Anfang der 90er Jahre nach Malaysia. Bei einer Umweltkonferenz in Kuala Lumpur, wo der Export und die Verwendung des Tropenholzes verboten werden sollten, waren auch Personen aus Österreich, von der Universität f. Bodenkultur und vom Landwirtschaftsministerium, dabei. Ein deutscher Forstmann, welcher an der Universität für Bodenkultur in Wien studiert hatte, ermöglichte eine Exkursion in den Regenwald in die Bundesstaaten Saaba und Sarawak auf der Insel Borneo. Dort machte er Untersuchungen im Auftrag der Industrie in NRW über das Wachstum jener Baumarten, welche für die Möbelindustrie interessant sind. Auf dem Flug nach Kota-Kinabalu sahen wir die unendlichen Flächen der Ölpalmenplantagen.

Von dort fuhren wir in ein Camp der Forschungsstation in den Regenwald.

Es war sehr beeindruckend, dass nicht nur Geckos an den Wänden herumkletterten, sondern auch eine Vielzahl an Schmetterlingen saßen an der Rinde der Bäume, wobei manche eine Flügelspannweite bis 20 cm hatten. Bei einem Rundgang erklärte uns der Wissenschaftler die verschiedenen Baumarten, von denen es ca. 100 im Regenwald gibt, aber nur wenige kommerziell verwertbar sind. Auffallend war, dass es am Waldboden keine Blätter und auch keine Humusschicht gab.

Wenn ein Blatt abfällt oder ein Baum umbricht, wird dieser von den Termiten gefressen. Man kann auch keinen Pflock einschlagen, denn dieser ist in kürzester Zeit verschwunden. Es gibt nur wenige Holzarten, wie das Eisenholz und das Ebenholz, welche den Termiten standhalten. Deshalb haben die hohen Bäume ausgeprägte Brettwurzeln, um mehr Standfestigkeit zu haben.

Der Waldboden besteht aus Rot-Lehm und durch die reichlichen, ca. 2.800 Millimeter Niederschlag pro Jahr, wird dieser Lehm gelöst und ins Meer gespült. Vom Flugzeug aus sahen wir entlang der Ufer im Meereine vielleicht ca. 100 Meter breite schlammige, braune Färbung des Meerwassers.

Interessant waren auch die Erläuterungen über die Zuwächse der verschiedenen Baumarten. Hier wurde monatlich an den markierten Stellen der Bäume gemessen. Dabei stellte sich heraus, dass manche Bäume einen jährlichen Zuwachs von mehreren Zentimetern, während andere nur wenige Millimeter Dickenwachstum hatten. Es gibt nämlich in Äquatornähe keinen Sommer und keinen Winter, sondern die Bäume wachsen das ganze Jahr und daher gibt es keine Jahresringe wegen der Winterruhe. Es wurde uns ein Baum gezeigt, welchen gerade 3 Personen umfassen konnten und lt. den Messungen ein Alter von ca. 90 Jahren hatte.

Aufgefallen ist uns auch, dass einige sehr dicke Bäume mit eng umwachsenen, starken Schlingpflanzen, der sogenannten Würgefeige, ähnlich einer Liane, am Boden lagen. Die Früchte der Würgefeige werden von Vögeln oder Affen gefressen und die Samen werden mit dem Kot ausgeschieden. Landet dieser in einer Astgabel, dann keimt er und bildet oft sehr lange Luftwurzeln. Wenn diese den Boden erreichen, nehmen sie das Wasser und die Nährstoffe vom Boden auf, wobei sie einige Male den Stamm umwachsen haben. Diese Pflanze verholzt, die Luftwurzeln können Armstärke erreichen. Durch das Dickenwachstum des Baumes wird dieser stranguliert und stirbt ab. Auch wächst die Würgefeige in die Krone und nimmt den Blättern des Wirtsbaumes das Licht. Der abgestorbene Baum wird von den Termiten zerlegt, sodass dann oftmals nur das Gerippe dieser Feige vorhanden ist

In den letzten Jahrzehnten war schon weltweit eine Gegenbewegung gegen die Verwendung von Tropenholz aktiv. Deshalb suchten die Einwohner dieser Staaten einen Ausweg, denn die Leute, welche in Siedlungen im Wald lebten, brauchten eine Verdienstmöglichkeit und diese gab man ihnen durch die Anlage von Ölpalmenplantagen. Mit steigendem Absatz von Palmöl wurde der Regenwald großflächig abgeholzt, mit dem Bagger Terrassen angelegt und diese mit Ölpalmen bepflanzt. So wurden in den letzten Jahrzehnten zigtausende Hektar Regenwald vernichtet, um diese Plantagen anzulegen.

Das Palmöl wurde als pflanzliches Speiseöl beworben und war verhältnismäßig billig. Dadurch kam eine Grüne-Politikerin auf die Idee, Palmöl zu verestern und dem Treibstoff beizumischen, denn dieses wäre ein erneuerbarer Energieträger und würde die Umwelt schützen. Dass wir mit dem Kauf von jedem Liter Palmöl den Auftrag geben, noch mehr Regenwald zu vernichten, wurde nicht beachtet. Dies hat sich in den letzten Jahren herumgesprochen. Mittlerweile ist eine Gegenbewegung für den Verbrauch von Palmöl aktiv.

Wir kamen bei dieser Reise in einem Freilichtmuseum mit den Eingeborenen und deren Lebensweise in Berührung. Diese Menschen waren früher Kopfjäger und es gab Überfälle auf andere Sippen. Deshalb lebten sie in Langhäusern auf Pfählen, denn dadurch konnten sie sich gegen solche Überfälle schützen. Bis in die 1950er Jahre war die Kopfjägerei erlaubt. Die Kopfjäger haben den Menschen den Kopf abgeschlagen und diesen in einem Korb im Raum aufgehängt, um damit die Tapferkeit zu zeigen. Die Kleinkinder wurden geraubt, vornehmlich Mädchen, um eine Inzucht im Clan zu vermeiden.

Vor einer kleinen Hütte vor dem Visitor-Center war eine Wasserlache, und darin ein ca. 1 m langes Krokodil. Der Reiseleiter erklärte uns, dass dieses als Haustier gehalten und bei einer gewissen Größe dann geschlachtet und gegessen wird. Haustiere wie bei uns halten das feuchtheiße Klima nicht aus. Früher konnten die Einheimischen die Haut der Krokodile verkaufen und haben daran etwas verdient. Jetzt aber ist der Handel verboten. Die Imitationen von Kroko-Leder sind aus Plastik und belasten so unsere Umwelt.

Mit unseren Schutzmaßnahmen nehmen wir den Eingeborenen die Möglichkeit, ihren Lebensunterhalt auch im Regenwald zu verdienen. Jetzt arbeiten diese in den Ölpalmenplantagen und wohnen in Camps, in der Nähe der Arbeitsstätte. Die älteren Menschen wohnen noch im Wald und werden von den Angehörigen dort versorgt.

Im Bundesstaat Sabah sind ca. 3.000 ha Regenwald mit angrenzendem Mangrovenwald unter Naturschutz gestellt worden. Dies ist auch ein Schutzgebiet für die Orang-Utans. Ein Teil der Reisegruppe besuchte dort eine Pflegestation für verletzte Tiere.

Neulich sah ich im Fernsehen im Servus TV über Indonesien, einen Teil von Borneo. Ich war erschüttert, wie viel Regenwald den Ölpalmenplantagen seither geopfert wurde. Es wurde auch gesagt, dass die Hälfte des Palmöles zu Treibstoff verarbeitet wird, denn dies zählt als erneuerbare Energie.

Es wird aber in vielen anderen Gebieten auch derartige Rodungen gegeben haben. Denn bei der Besiedelung brauchten die Menschen Acker- und Weideflächen, um ihre Nahrungsmittel zu produzieren.

Diese Rodungen sind in Europa schon vor mehreren tausend Jahren passiert, in Nord- und Südamerika vor einigen hundert Jahren und in Asien und den Tropen erst im letzten Jahrhundert.

Für unser Klima ist es wichtig, dass diese Flächen wiederum mit Pflanzen begrünt werden, welche über die Photosynthese das Kohlendioxid (CO_2) der Luft aufspalten und den Kohlenstoff in unseren Nahrungsmitteln oder in Form von Holz speichern. Der Sauerstoff wird daraus wieder frei und dient Mensch und Tier zur Atmung, wobei wiederum in der Lunge eine Oxydation stattfindet.

In Afrika

Prof. Dr. Lang, Forstmeister der Österr. Bundesforste in Wieselburg, erzählte einmal anlässlich einer Tagung, dass er für den Männerorden „Die weißen Väter" in Tansania, welche dort ein Ordenshaus unterhalten, ein Projekt zur Aufforstung gemacht hat. Die Regierung dieses Landes hat das Aufforstungsprogramm von Prof. Dr. Lang gefördert. Er schilderte uns, welche Probleme er damals dort vorfand. Aufforstungen müssen vom Militär bewacht werden, sonst werden auch die noch jungen Kulturen von den Wildtieren abgeäst oder als Brennmaterial verwendet.

Bei dem Vortrag bei der Tagung „ARGE Waldveredelung" am 7. Oktober 2022 zeigte er uns Bilder dieser gelungenen Aufforstungen und es gibt schon auf steileren Hängen einen Wald und auf den Böschungen wiederum Obstbäume und Beerensträucher.

Dies wird sicher dort nicht nur ein kleinräumliches Problem sein, sondern wäre auch in vielen anderen Gebieten möglich. Die Frauen müssen stundenlange Märsche auf sich nehmen, um Astholz zu sammeln und dieses am Kopf nach Hause zu tragen.

Der Druck der Äsungskonkurrenz nimmt immer mehr zu, da in den Schongebieten keine Wildreduktion gemacht werden darf. In der „Sahelzone" gibt es Wildtierherden, hauptsächlich Gnus, aber auch Zebras, Antilopen und Elefanten, welche oft über 10.000 Stück erreichen. Diese Wildtiere, meist Wiederkäuer, sind auch für den Klimawandel mitverantwortlich, da diese an der „Methan-Produktion" einen großen Anteil haben.

In der Tageszeitung „Kurier" wurde am 16. August 2024 ein Artikel unter dem Titel „Wie Afrikanische Waldelefanten die Emissionen senken" und mehr CO_2 binden. Elefanten fressen und Trampeln sich durch den Dschungel und helfen damit indirekt Bäumen, die besonders viel CO_2 speichern können. Ich habe der Schreiberin dieses Artikels geantwortet. Sie hat sich sinngemäß darüber entschuldigt und geschrieben, dass die Idee von einem Elefantenforscher des WWF gekommen ist.

Die Lebensdauer der Wildtiere reicht bei Antilopen und Gnus bis zu 25 Jahren und bei Elefanten bis zu 60 Jahre. Früher wurden Abschüsse verkauft und das Fleisch diente der Bevölkerung als Nahrung. Durch die Überzahl und der totalen Schonung der Wildtiere fehlt nicht nur das Wildbret als Nahrungsmittel, sondern sie zerstören auch ihre Felder. Auch die Jagdsafari brachte für die Gemeinschaft einen nicht unwesentlichen Erlös.

Jetzt verenden die alten und kranken Tiere, werden von Raubkatzen erjagt und die Gefahr von Tierkrankheiten oder Seuchen werden die Tierbestände einmal wieder auf ein normales Maß reduzieren.

Die NGOs sollten sich solche Projekte zum Vorbild nehmen, wie Prof. Dr. Lang sie in Tansania gemacht und dort auch umgesetzt hat. Es könnten auch Staudämme errichtet werden, welche das Niederschlagswasser zurückhalten und zur Bewässerung der Feldfrüchte verwendet werden. Auch könnten Brunnen gebohrt werden, denn der Grundwasserspiegel liegt sehr tief. Aber die einheimische Bevölkerung hat kein Geld, um sich dies leisten zu können.

In ärmeren Ländern würde es viele solcher Gebiete geben, die über Partnerorganisationen ausfindig gemacht und auch umgesetzt werden könnten. Mit dem Geld, mit welchem bei uns für die Anwälte und Experten teure, oft haarsträubende Gutachten bezahlt werden, um diese oder jene Bautätigkeit zu verhindern oder zu verzögern, könnte dort geholfen werden.

Bodenversiegelung

Bei der Bodenversiegelung wird nur von der asphaltierten Fläche gesprochen, doch auch die Dachflächen der Häuser und Fabriken müssen miteinbezogen werden. Die Bauordnungen schreiben jedoch vor, dass das Niederschlagswasser vom Haus und Garten in den örtlichen Oberflächenwasserkanal einzuleiten ist.

Die asphaltierten Verkehrsflächen und Gehwege haben einen verhältnismäßig geringen Anteil an der Bodenversiegelung.

Durch den raschen Abfluss des Regenwassers von den Hausdächern über die Kanalisation in den Vorfluter, kommen besonders bei Starkregen, große Wassermengen zusammen. Hier könnte man durch Speichern und Versickern einen Großteil der Abflussmenge verringern. Im Handel gibt es verschiedene Abflusstanks, wie hier in den Bildern dargestellt, welche eingegraben werden und im Garten nicht sichtbar sind.

Von diesen Behältern könnte ein Drainagerohrsystem gespeist werden und es bräuchte erst bei Starkregen, das Überwasser in das Kanalsystem geleitet werden. Bei einem Neubau eines Hauses wären die Kosten für so ein Bewässerungssystem für den ganzen Garten verhältnismäßig gering und könnte sich vielleicht überhaupt das Gießen des Rasens ersparen.

Drainageschlauch

Einfüllstutzen

Drainagerohr verlegt in ca. 1,80 m Tiefe
Einfüllstutzen am Rand unter Sträuchern

Wassertank 2000 Liter

Wassertank bis 4000 Liter

Ein 10 cm Drainageschlauch mit einer Länge von 130 Metern nimmt 1 m³ Wasser auf. Ein Auffangbehälter von 2 m³ würde 30 mm des Niederschlagswassers der Dachfläche von 100 m² aufnehmen. Wahrscheinlich sind es sogar mehr, da durch die Öffnungen des Schlauches schon während des Regens Wasser austreten kann.

Ein sehr nützlicher Effekt würde eintreten, sodass die Wurzeln von den Gartenbäumen in die Tiefe gehen, und nicht in das nächste Gemüse- oder Blumenbeet hineinwachsen. Die Wurzeln aller Pflanzen wachsen immer dem aufsteigenden Wasser entgegen (entgegen dem Ionenstransport). Bei langer Trockenheit könnte man über einen Einfüllstutzen auch über dieses System den Garten gießen. Diese Methode wäre auch in den Städten

bei der Pflanzung von Alleebäumen und in Parkanlagen wäre dieses System sinnvoll, denn dann würden die Baumwurzeln nicht den Asphalt aufheben. Hat man keine Anschlussmöglichkeit an Regenwasser, so könnte dieses Rohrsystem über einen Einfüllstutzen (siehe Bild) befüllt werden.

Zum Befüllen dieses Rohrsystems kann man Wasser aus einer Regentonne, einem Auffangbecken vom Regenwasser oder Wasser aus einem Brunnen verwenden. Oberflächenwasser, von Straßen und Gehsteigen sollte nicht verwendet werden, weil durch das Streusalz, Gummiabrieb der Reifen, Rußpartikel der Auspuffgase und Ölverluste der KFZ-Fahrzeuge Chemikalien enthalten sein könnten und diese das Grundwasser verschmutzen würden.

Naturschutz

Der Kreislauf der Katastrophen

Es hat den Anschein, als kommen die Katastrophen in einer fast regelmäßigen Aufeinanderfolge. Hitzeperioden, Wald- und Buschbrände und Überschwemmungen treten irgendwo auf der Erde auf.

Im Sommer 2023 war der Juli und August sehr heiß mit Rekordtemperaturen. Der Boden, vor allem an Berghängen, war ausgetrocknet und die Vegetation, Gräser und Sträucher fielen der Dürre zum Opfer. Hier bedurfte es nur eines Blitzschlages, unachtsames Handeln, wie Lagerfeuer, weggeworfener Zigarettenstummel oder anderer, kleiner Ursachen, um einen Wald- oder Buschbrand entstehen zu lassen.

Flächenbrände gab es schon immer, aber von so großflächigen Waldbränden wie in den Jahren 2022 und 2023 im Mittelmeerraum, in Kanada, Kalifornien und Afrika hat man seit Menschengedenken nicht gehört. Vielleicht, weil es früher noch kein Fernsehen gab und es auch nicht als Sensation dargestellt wurde.

Im darauffolgenden September gab es in Griechenland, der Türkei, Bulgarien, Portugal, Kalifornien, im Wüstenstaat Nevada und auch in Libyen Rekord-Niederschlagsmengen. Diese führten zu Hochwasser, wo sogar in der Wüste Libyens einige Staudämme durchgebrochen sind. Dabei wurden Städte und Dörfer überschwemmt und Häuser weggerissen, Straßen, Brücken und Stromleitungen zerstört und es waren auch viele Menschenleben zu beklagen.

Tornados gab es schon immer, aber so schlimm wie manche Gebiete in diesem Jahr heimgesucht wurden, ist ebenfalls rekordverdächtig.

Schon im Winter trat das Phänomen auf, dass in den Alpen und den Pyrenäen der Schnee vom Saharastaub gelblich verfärbt war. Ob dieses Ereignis auch früher schon stattgefunden hat oder erst jetzt erstmalig auftrat, ist mir nicht bekannt.

Wir hatten im Jahr 2024 einen sehr warmen März. Vom 12. bis 20. September folgten gewaltige Niederschlagsmengen mit riesigen Überschwemmungen vom Bodensee bis Mitteldeutschland, Ober- u. Niederösterreich bis Burgenland. Auch Tschechien und Polen waren betroffen. Der Hochwasserschutz entlang von Donau und Inn hat ausreicht, weil der Niederschlag oberhalb von 1200 m in Form von Schnee fiel. Aber in Niederösterreich, Wien und das Burgenland wurde schwer in Mitleidenschaft gezogen. Die Behebung dieser Schäden, vor allem der Eisenbahn im Tullnerfeld und der U-Bahn in Wien werden noch lange Zeit in Anspruch nehmen.

Es war furchtbar, wenn man diese Schlammmassen in den Häusern und den Straßen sah. Wenn dieses Erdreich aber auf den Feldern abgelagert worden wäre, könnte man dies, wie im alten Ägypten als einen Segen betrachten.

Entwicklung der Bodenvegetation

Nach den Eiszeiten kam die Entwicklung der Vegetation bei uns aus den tieferliegenden Gebieten. Diese begann in Europa vom Mittelmeer aus.

Nach der letzten großen Eiszeit kamen nach vielen Jahren dann die Menschen. Es muss schon eine Bodenvegetation vorhanden gewesen sein sowie auch Sträucher und Bäume. Wildtiere folgten der Vegetation. Diese stellten sich auf die Schwankungen des Klimas ein und die Wildtiere hatten in manchen Jahren mehr und manchmal weniger Gräser als Äsung zur Verfügung. Deshalb gab es große Wanderbewegungen. Da die Erwärmung in hunderten von Jahren voranschritt, wanderte auch bei uns, nördlich der Alpen, vom Atlantik her eine Vegetation ein. Südlich der Pyrenäen, der Alpen und des Balkans konnte sich auch vor und während der Eiszeit eine Vegetation halten, sie konnte aber die Barriere der Berge nicht überwinden.

Die nachfolgenden Menschen haben hauptsächlich von der Jagd gelebt.

Erst später begann auf geeigneten, meist kleinen Flächen, der Ackerbau. Später, als die Ackerflächen größer wurden, erfolgte die Bearbeitung mit primitiven Geräten, wie wir diese noch oft in Dokumentationen von Entwicklungsgebieten sehen können.

Es war durch die Zunahme der Bevölkerung schwierig, genügend Nahrungsmittel durch die Jagd aufzubringen. Als die Ackerflächen größer wurden, hat man Rinder und Pferde zur Bearbeitung herangezogen.

Als Weideland wurden nur jene Flächen verwendet, welche man nicht oder nur sehr schwer bearbeiten konnte. Die trockenen, steinigen Flächen in der Nähe der bewohnten Gebiete wurden zuerst als Weideland genutzt. Als die Raubtiere auf ein verträgliches Maß reduziert wurden, konnte man auch entlegene Gebiete, wie die Almen, im Sommer nutzen.

Als Weidetiere waren dies hauptsächlich Schafe und Ziegen, die wegen der Wolle und der Milch und natürlich auch wegen des Fleisches gehalten wurden. Diese Tiere sind sehr genügsam und finden auch auf steilen und trockenen Böden das Auslangen.

In südlichen Ländern, vor allem im Kalkgebirge oder wüstennahen Gebieten, wurden nur Schafe als Weidetiere gehalten. Schafe benötigen zum Überleben nicht unbedingt Quellwasser oder einen Bach, denn sie finden mit dem Wasser, des in den Morgenstunden gefallenen Taues, das Auslangen. Man bezeichnet alle Schafrassen, auch die Wildschafe, als „Tauäser".

Diese Tiere haben alle verwertbaren Gräser und Sträucher abgeäst und wenn es zu wenig Niederschlag gab, wurden auch oftmals die Wurzeln mit den Hufen aus der Erde geschlagen.

Ein gutes Beispiel sind die Highlands in Schottland. Für die Engländer war im Mittelalter die Erzeugung von Stoffen aus Wolle in vielen Ländern begehrt und eine gute Einnahmequelle. Deshalb hat man die Wälder gerodet, um Weideland für die Schafe zu bekommen.

Die Schafe haben aber immer nur die guten Gräser und Sträucher abgeweidet. Das Heidekraut war als Futterpflanze nicht geeignet und konnte sich ungehindert vermehren. Jetzt sind die Highlands im Norden Schottlands im Spätsommer ein beliebtes Reiseziel.

In den 60er Jahren gab es in Europa nach dem Weltkrieg einen wirtschaftlichen Aufschwung. Es wurden Gastarbeiter von Griechenland, Italien, Spanien und Portugal angeworben. Die Ersten Gastarbeiter, wie man diese bezeichnete, stammten aus den Gegenden, wo die Familien von den wenigen Tieren mehr schlecht als recht leben konnten.

Später wurden auch Arbeiter und Arbeiterinnen aus den ärmlichen Gebieten Jugoslawiens, vorwiegend aus Bosnien, Kroatien, Slowenien und aus dem Inland der Türkei angeworben. Viele, meist jüngere Personen von der ersten Gastarbeiter-Bewegung, sind bei uns sesshaft geworden.

Die Gastarbeiter schickten das Geld vom Lohn großteils an die Familie nach Hause. Deshalb wurden zuerst die schlechtesten Weidegebiete aufgelassen, später, als nur noch die alten Leute dort wohnten, wurden fast alle aufgegeben.

So konnte sich in diesen kargen Gebieten durch dürres Gras eine Rohhumuschicht in den letzten 50 Jahren bilden. Durch die extreme Trockenheit, wie im Sommer 2023, kam es zu großflächigen Busch- und Waldbränden, welche sich rasch ausbreiteten, wie wir von Rhodos, Sizilien, Spanien und Portugal erfuhren.

Anlässlich einer Reise in den Osten von Kanada fuhren wir auf der Autobahn von Ottawa nach Toronto. Auf einem Streckenabschnitt kamen wir, vielleicht 100 km oder mehr, durch ehemalige, wahrscheinlich Ahornwälder, vorbei. Der Osten Kanadas, wenn sich im Herbst die Ahornwälder verfärben, ist als „Canadian Summer" bekannt.

Der Vorbestand, wie ich sehen konnte, war sicher ein Ahorn-Altholz (wahrscheinlich eschenblättriger Ahorn – Acer negundo), weil die Stöcke in verhältnismäßig großem Abstand standen. Jeder Stock hatte mehrere, ich zählte oft bis zu 8 Triebe, sogenannte Stockausschläge.

Dazwischen stand meterhohes, dürres Gras, welches, durch Jahre hindurch im Winter zusammenbrach. Auf dem Boden hat sich durch die Jahre ein dichter Trockengrasfilz gebildet. Auf diesem Trockengrasfilz kommt keine natürliche Verjüngung auf, weil die Samen nicht bis zum Erdreich gelangen können und weil auch die samentragenden Altbäume fehlen. Diese Stockausschläge werden nie mehr einen wertvollen Wald bilden können.

Ich habe den Reiseleiter damals darauf angesprochen und er erklärte mir, dass die Schlägerungsfirmen den Wald für 30 Jahre gepachtet haben und müssen diesen wiederum mit einem Holzbestand zurückgeben. Beim Ausschlagwald gibt es das Problem, wenn die Bäume höher werden, haben sie eine einseitige Krone und bei einem Starkregen im belaubten Zustand oder bei einem Raureif oder Nassschneeanhang brechen die Stämme vom Stock ab. Gleiches würde auch bei uns im Niederwald geschehen, aber bei uns werden die Stämme in Abständen von 20 bis 30 Jahren, meist als Hackholz, genutzt. Wie dort dieser Wald aussieht und ob jemals wieder ein wertvoller Bestand wird, interessiert die Schlägerungsfirmen nicht.

In Kanada gab es 2023 noch nie dagewesene Waldbrände, wahrscheinlich aber werden dort die gleichen Bodenverhältnisse gewesen sein. Diese Brände haben einige Wochen gedauert. Auf den Fernsehbildern konnte ich an den Brandruinen erkennen, dass auf diesen Flächen ebenfalls ein Ausschlagwald stockte.

Bei einer Brasilienrundreise waren wir auch im Amazonasgebiet, dem Bundesstaat Amazonas, wo wir von Manaus aus auch in den tropischen Regenwald kamen.

Der höchste Berg in diesem Bundesstaat ist der Pico da Neblina mit 2994 m. Zwischen dem tropischen Regenwald in den

Niederungen gibt es auch in größeren Höhen Flächen, welche von den Einwohnern als Ackerbau und Weideland genutzt werden, denn auch sie brauchen jetzt und auch, wie schon vor hunderten von Jahren, vor der Entdeckung Amerikas, Nahrungsmittel zum Leben.

Ein tropischer Regenwald kann nie brennen, denn in der Regenzeit kann der Wasserstand bis zu 20 m betragen. Auch wegen der Feuchtigkeit kann es dort keinen Ackerbau oder Grünland geben.
Obwohl diese Flächen fruchtbares Ackerland wären, können diese ohne „Abbrennen" nicht mit Feldfrüchten bebaut werden. Diese Flächen sind einige hundert Kilometer vom Regenwald entfernt, werden bei uns aber zum Regenwald gerechnet.

In Deutschland gibt es eine landwirtschaftliche Diskussionsplattform „Bauer Willi" bauerwilli.com, wo kürzlich ein Beitrag eines ausgewanderten Landwirtes in den Bundesstaat „Mato Grosso do Sul" gebracht wurde, welcher zu einer Exkursion dorthin eingeladen hat.
Am 27.09.2023 fand ich im Kurier einen Artikel über die Sojabohne. Der Grüne EU-Abgeordnete, ein Forstmann, durfte in einem Interview seine Bedenken über die Abholzung und das Abbrennen des Regenwaldes einbringen und dass im Bundesstaat „Mato Grosso", Feuchtbiotope verschwinden, wenn dort gentechnisch veränderter Soja angebaut wird.
Ich kann mir nicht vorstellen, dass er schon einmal in Brasilien war und schon gar nicht in Mato Grosso. Dann würde er die endlosen Flächen ehemaliger Zuckerrohrplantagen gesehen haben, welche schon seit mindestens 150 Jahren brach liegen und es schon überhaupt keine Feuchtbiotope gibt.

Wenn sich dann Landwirte finden, welche diese Flächen urbar machen und landwirtschaftlich nutzen wollen, müssen diese abgebrannt werden. Nur dass diese Flächen in den Bundesstaaten Mato Grosso und Bahia vielleicht 1.000 Kilometer vom Regenwald entfernt sind, muss man ja nicht unbedingt wissen.

In der Vorstellung mancher selbsternannter „Umweltschützer" weiß man noch nicht, dass Brasilien 101-mal so groß wie Österreich ist und dass nicht alles Regenwald ist, was auf der Landkarte grün eingezeichnet ist. Auf der Landkarte zeigt die Farbe „Grün" nur die Höhenlagen an.

Nun zum Regenwald im Amazonasgebiet: Es leben im **Bundesstaat Amazonien** auf 1.571.000 km² (18-malso groß wie Österreich) davon sind 320 000 km² tropischer Regenwald. Dieser kann wegen Überflutungen in der Regenzeit nie abgebrannt und auch nicht gerodet werden. In Amazonien leben ca. 3,874 Mio. Einwohner, dazu kommen noch ca. 300 indigene Völker, deren Bevölkerungszahl nicht genau erhoben werden konnte.

Auch der **Bundesstaat Acre, in welchem** auf 164.173 km² ca. 906.000 Tausend Einwohner (Österreich hat ca. 84 000 km² mit ca. 9 Mill. EW) leben, zählt zum Amazonas-Regenwaldgebiet, ebenso noch Gebiete von Peru und Bolivien.

Die Brachflächen in Brasilien betragen 160 Mio. ha ehemaliger Zuckerrohr- und Kaffee-Plantagen.

Zum Vergleich: Die landwirtschaftlich genutzte Fläche in Österreich sind 3,26 Mio. ha.

Anlässlich einer Exkursion in den 70er Jahren sahen wir in **Portugal** Aufforstungen auf minderwertigen Böden mit **Eukalyptus** und **Pinus radiata**, welche sehr raschwüchsig sind und innerhalb von 10 bis 15 Jahren geschlägert werden können. Das Holz wird zu Chips zerhackt und an die Plattenindustrie geliefert.

Der Eukalyptus wirft innerhalb seiner Wachstumsperiode seine Rinde mehrmals in Streifen ab, welche aber nicht oder sehr schwer verrotten. Ebenso produziert die Pinus radiata infolge ihres raschen Wachstums eine große Menge an Nadeln, welche ebenfalls, wegen der Trockenheit, nicht verrotten.

Auf solchen Flächen sammelt sich nach einigen Jahrzehnten eine große Menge an brennbarem Material an und ist deshalb für einen Waldbrand der ideale Nährboden.

Es stellt sich nun die Frage, ob die Nichtbewirtschaftung, die Bepflanzung mit lichtdurchlässigen Baumarten mit Graswuchs am Boden oder unser Wohlstand schuld ist, wenn es zu katastrophalen Waldbränden kommt?

Im Corona-Jahr 2020 haben wir in den Nachrichten vermehrt von vielen Wald- und Buschbränden gehört und gelesen.

Wald und Buschbrände

In den Jahren 2019/20 begannen im Herbst in Australien gewaltige Busch- und Steppenbrände, wo sich eine Feuerwalze bis zu den Großstädten ausbreitete.

Im August sind in Kalifornien ebenfalls Brände in noch nie dagewesenem Ausmaß entstanden, wo auch Siedlungen abgebrannt sind und Menschen in den Flammen umkamen. Später sind auch in Colorado hunderte Quadratkilometer abgebrannt.

Es wurde gemeldet, dass es in Brasilien, dort im Frühjahr, riesige Brände im Bundesstaat Amazonien und in einigen anderen Bundesstaaten gegeben hat. Im Fernsehen wurden uns Bilder gezeigt, dass dort der Regenwald niedergebrannt wurde. Es waren aber keine abgebrannten Bäume und Stöcke zu sehen, so wie eine Brandfläche nach einem Waldbrand aussieht.

Im Mt. Rainer Nationalpark, USA Washington, habe ich 1989 eine Brandfläche gesehen, wo vor 20 Jahren ein Waldbrand war und noch riesige Baumruinen standen.

Wer jemals einen Regenwald gesehen hat, weiß, dass es dort nur geringe Flächen gibt, wo überhaupt ein Brand möglich ist. Im Regenwald verfaulen die abgefallenen Blätter wegen der starken Niederschläge sofort oder werden von den Termiten gefressen. Nach einem Brand müssten auch Baumruinen stehen, wenn es Wald gewesen wäre und die Fläche müsste anders aussehen als im Fernsehen gezeigt wurde. Diese brennenden Flächen waren ehemalige Zuckerrohrflächen, wo nur vereinzelte, abgebrannte Sträucher und kleine Bäume standen, welche man sehen konnte.

Ich empfinde die Berichterstattung in den Medien vielfach übertrieben und auch oft als eine glatte Lüge. Ein Beispiel war einmal eine Nachricht im Fernsehen, laut welcher durch das Abbrennen des Regenwaldes in Sao Paulo die Rauchschwaden derart dicht waren, dass den Leuten der Aufenthalt im Freien fast unmöglich war. Man muss bedenken, dass die Entfernung von Sao Paulo bis Manaus, zum Regenwald, 2.680 km sind. Zum Vergleich ist die Entfernung von Wien bis Moskau nur 1.670 km Luftlinie. Mit solchen Mitteilungen machen sich die Grünbewegungen selbst keinen guten Dienst.

Jetzt werden diese jahrhundertealten Gras- und Rohhumusschichten abgebrannt, um diese Flächen wieder als Ackerland zu nutzen. Man kann diese Mengen an Grasfilz nicht in den Mineralboden einarbeiten, da wegen der Trockenheit dieser nicht verrotten kann.

Auch diese Gebiete werden bei den Berichterstattungen zum Regenwald gerechnet.

Es bleibt die einfachste Art, diesen Oberflächenbewuchs abzubrennen. Dies geschieht nach der Regenzeit und das Feuer kann leicht unter Kontrolle gehalten werden.

Wo eine Bewässerung möglich ist, werden auch Kaffee- und Obstplantagen angelegt. Neben den neuen Arbeitsplätzen kann auf diesen Flächen mit lebenden Pflanzen wiederum eine Photosynthese stattfinden.

Im März 2023 wurde im deutschen Fernsehen bei dem Besuch einer Regierungsdelegation gezeigt, wo auf riesigen Flächen ehemaliger Zuckerrohrplantagen Soja und andere Feldfrüchte angebaut werden.

Busch- und Waldbrände gab es in Trockengebieten immer schon, noch bevor es dort Menschen gab. Viele Bäume und Sträucher haben sich auf diese Brände eingestellt.

Soja wurde früher nur aus den USA bezogen und man fürchtet jetzt, durch den Anbau in Brasilien eine starke Konkurrenz, denn die Arbeitskräfte sind in Brasilien viel billiger und so kann günstiger exportiert werden. Obwohl man die riesigen Flächen ehemaliger Zuckerrohrfelder wiederum umwandeln will, kann es noch Jahrzehnte dauern, bis alles Brachland bewirtschaftet sein wird.

Das größte Problem in diesen Gebieten ist, da es keine Eisenbahnen oder andere leistungsfähige Transportwege gibt, um die produzierten Produkte wegzubringen, denn die Küste oder ein Hafen ist oft bis zu 2.000 km entfernt.

Wald- und Buschbrände in Australien

Aus Wikipedia und Universum-Sendung vom 12.03.2024 ORF2 – 20.15 Uhr

In dieser Sendung wurde gezeigt, dass sich in der Evolution die Flora und Fauna auf diese Brände eingestellt haben. Bei der Hauptbaumart, dem Eukalyptus, öffnen sich die Samenkapseln erst nach einem Brand. Meist gibt es nach einem Brand Niederschläge und die Samen können rasch keimen und haben keine Konkurrenz von anderen Pflanzen.

Sehr interessant fand ich, dass sich viele Greifvögel in der Nähe des Feuers aufhalten und die vom Feuer fliehenden Tiere eine leichte Beute sind. Noch interessanter fand ich, dass es Vögel gibt, welche das Feuer weitertragen.

Auf Wikipedia fand ich folgenden Beitrag: (24.09.2024) https://www. nationalgeographic.de/tiere/2018/01/feuervoegel-verursachen-braende-in-australien#:~:text=Die%20australischen%20 Ureinwohner%20beobachten%20schon,tropischen%20 Savannen%20des%20Kontinents%20beitragen.&text=Der%20 Schwarzmilan%20soll%20zu%20jenen,zur%20Ausbreitung%20 von%20Br%C3%A4nden%20beitragen.&text=Feuer%20sind%20 in%20Australien%20keine%20Seltenheit.

Die **„Feuervögel"** sollen glimmende oder brennende Zweige mit dem Schnabel oder den Krallen am noch nicht entflammten

Ende ergreifen und über bislang vom Feuer verschont gebliebenen Gegenden fallenlassen.

Die Aborigines wissen das schon lange.

Bei den Angeklagten handelt es sich um drei Greifvogelarten, den Schwarzmilan (Milvus migrans), den Keilschwanzweih (Haliastur sphenurus) und den Habichtfalken (Falco berigora). Ihnen wird laut einer aktuellen Studie von Geographen, die im Fachmagazin „Journal of Ethnobiology" veröffentlicht wurde, gezielte Brandstiftung zu Lasten gelegt.

In Amerika wollte man in den 1930er Jahren den Waldbrand total bekämpfen. Deshalb wurde vom Staat ein Gesetz erlassen, das sogenannte „Waldbrand-Management".

Die Geschichte des Waldbrandmanagements. (aus Wikipedia-Brände im Yellowstone NP 1988)

Es gab ein sehr ausgeklügeltes Waldbrandmanagement. Ab 1939 war die Vorschrift, dass alle Waldbrände bis 10 Uhr am Morgen nach ihrer ersten Entdeckung gelöscht sein sollen. Landesweit wurden Feuerlöschtürme eingerichtet und in der Brandsaison besetzt. So wurden in den USA über 8.000 solcher Wachtürme errichtet, welche über die Baumkronen reichten. Diese waren mit jungen Männern besetzt und mussten, wenn Rauch gesichtet wurde, sofort eine Meldung an die Zentralstelle machen. Zur Brandbekämpfung wurden von Flugzeugen aus Fallschirmspringer zu den Brandherden gebracht, welche sehr erfolgreich die Feuerbekämpfung durchführten. So konnte die Brandfläche von den 30er Jahren von 120.000 km^2 auf 8.100 km^2 in den 60er Jahren verringert werden.

Bereits 1924 schrieb der Umweltschützer **Aldo Leopold**, dass die Naturbrände vorteilhaft für das Ökosystem und die natürliche Vermehrung verschiedener Baum- und Pflanzenarten sind. Seit 1963 empfahlen Ökologen dem Nationalpark Service lt. dem **Leopold-Report**, regelmäßig Naturbrände zuzulassen, um das natürliche Gleichgewicht in den Parks wiederherzustellen.

Die amerikanischen Ureinwohner brannten oftmals Waldgebiete nieder, um übermäßiges Wachstum einzudämmen und damit frisches Gras auf den Äsungsflächen für Bison und Elch zu erreichen.

Es gab durch diese Maßnahmen viele überalterte Waldbestände mit einer oft meterhohen Streu- und Astschicht. Weil die Niederschläge fehlten, fand keine Verrottung statt und es baute sich keine Humusschicht auf, wo eine natürliche Verjüngung möglich gewesen wäre.

1988 wütete im Yellowstone Nat. Park über Monate hinweg ein gigantischer Waldbrand, von dem mehr als 3.200 km² (36 % der Fläche) zerstört wurden. Nur ein Schlechtwettereinbruch brachte dann diese Brände zum Erlöschen.

Im Jahr 2005 sahen wir anlässlich einer Rundreise im Yellowstone Nat. Park solche Brandflächen, wo noch Relikte des Vorbestandes zu sehen waren, doch mittlerweile waren diese Flächen mit einer dichten, meterhohen Naturverjüngung bewachsen.

Es gibt dort eine Kiefernart, die Drehkiefer **(Pinus contorta var. latifolia)**, welche sich in der Evolution an diese Brände angepasst hat. Die Zapfen sind mit einer Harzschicht überzogen und liegen jahrelang in der Bodenstreu. Erst nach Jahren, wenn nach einem Brand das Harz abgebrannt ist, öffnen sich die Zapfen und, da nach einem Brand fast immer starke Niederschläge folgen, können die Samen in der nährstoffreichen Asche leicht keimen.

Als wir 1987 im Sequoia-Nationalpark waren, hat uns der forstliche Führer erklärt, dass es für die Naturverjüngung der Mammutbäume genügt, wenn alle 100 Jahre ein Brand durchzieht. Die Samen des Mammutbaumes (Sequoiadendron giganteum) werden in den Zapfen über einen Zeitraum von mehreren Jahren reif und fallen über einen längeren Zeitraum, bis zu 3 Jahren, aus. So sind immer Samen vorhanden, sollte ein Brand den mineralischen Boden freimachen.

In einer im ORF-Universum-Sendung im Bundesstaat New York wird im Gebiet des Hudson-River alle 2 Jahre die Grasvegetation im Frühjahr gezielt abgebrannt und darauffolgend gibt es eine Vegetation, welche einem Blütenmeer entspricht. In der Asche keimen die Samen sehr rasch.

Sind einmal die samentragenden Pflanzen verschwunden, können auch nur jene Pflanzen wachsen, welche perennierend sind, das heißt, welche von der Wurzel austreiben. Davon sind aber meistens nur wenige Arten vorhanden. Auch die Tierarten, vor allem Vögel sind weniger, weil sie keine Nahrung haben.

In Chile finden zurzeit (Februar 2024) verheerende Buschbrände statt. Nach letzten Meldungen sind schon mehr als 100 Menschen ums Leben gekommen.

Ich war 1998 bei einer Rundreise in Chile, wo wir von der Hauptstadt Santiago an die Küste nach Vina del Mar fuhren. In der Nähe dieser Stadt sahen wir an den Berghängen Elendsviertel, die Häuser waren Bretterbuden, sehr eng aneinandergereiht.

Die chilenische Reiseleiterin erklärte uns diese Lage folgendermaßen:

In der Ära von Präsident Salvador Allende wurden fast alle Großgrundbesitzer enteignet und das Land auf willige Landwirte, zu je 80 ha, aufgeteilt. Die neuen Landwirte hatten aber kein Geld, kein Haus, keine Maschinen und Geräte und auch kein Saatgut. Die Banken gaben ihnen einen Kredit mit der Sicherstellung ihres Grundbesitzes. Im Herbst nach der Ernte konnte nur ein Teil des Kredites bedient werden und es mussten gleich wieder Schulden gemacht werden.

Nach 4-5 Jahren bekamen sie keinen Kredit mehr, sondern der Grund wurde gepfändet. Da diese aber noch Schulden hatten, verließen sie das Gebiet und flohen in die Städte, wo sie untertauchten. So auch in die Gegend von Valparaiso, wo sie sich diese Notunterkünfte bauten.

Prof. Dr. K. Richard Herrmann, Waldbauprofessor an der forstlichen Universität in Corvallis, Oregon welchen ich bei Vorträgen zu den nordamerikanischen Baumarten in Ossiach kennen lernte.

Der Umstand war, dass wir beide in der forstlichen Ausbildungsstätte kein Platz mehr bekommen hatten. Uns wurde deshalb in einem nahen Gasthaus ein Quartier zugeteilt. Das Pech für uns war, dass das Gasthaus Ruhetag hatte und nachdem der Wirt uns die Zimmer gezeigt hat, ist er gegangen und hat zugesperrt. Es gab keine Möglichkeit, das Haus zu verlassen und so mussten wir den Abend alleine verbringen.

In der Küche und im Schankraum fanden wir alles für ein ausreichendes Abendessen.

Seit dieser Zeit hatte ich einen guten Kontakt zu Prof. Dr. Herrmann und pflegte einen regen Briefwechsel mit ihm. Als wir 1987 eine Exkursion in den Westen der USA, Washington und Oregon machten, begleitete er uns 3 Tage als Reiseleiter.

In einem Brief schrieb ich Herrn Prof. Dr. Herrmann, dass ich mit interessierten Forstleuten eine Reise nach Chile organisiere. Er empfahl mir, mich an Herrn Weber, welchen er bei der Aufforstung aufgelassener Grundstücke beraten hat. Ich habe dann mit Herrn Dipl. Ing. Karl Weber Kontakt aufgenommen und durften seine Wälder besichtigen.

Herr Dipl.-Ing. Karl Weber stammte aus der Steiermark, welcher nach seinem Studium in Leoben 1932 nach Chile ausgewandert und in den Bergbau gegangen ist, wie er uns erzählte. Dort hat er nach dem Krieg 1946, in der Nähe von Villarica eine Mühle, welche in Europa abgetragen wurde, dort aufgebaut.

Herr Weber hat auch Flächen, nachdem diese verlassen wurden, von den Banken aufgekauft und aufgeforstet.

Er ließ sich von der Forstlichen Universität in Valdivia beraten, denn er wollte Nadelholz aufforsten, weil es in Chile außer Araukarien, welche geschützt sind, fast kein Nadelholz gibt. Die Universität in Valdivia hat mit der Universität in Oregon, dem Waldbauinstitut, aufgenommen und Herr Prof. Dr. K. R. Herrmann hat diese in der Frage der nordamerikanischen Baumarten beraten.

Es waren bei der Führung im Wald auch forstliche Wissenschaftler der Universität aus Valdivia dabei, welche sich sehr interessiert über die „Fremdländer"-Baumarten zeigten und auch an unseren Erfahrungen interessiert waren.

Diese Flächen wurden mit Eukalyptus (hauptsächlich Eukalyptus nitens) und der Monterey-Kiefer (*Pinus radiata*), als schnellwachsende Holzarten, aufgeforstet.

Der Eukalyptus kann bereits nach 10, die Radiata-Kiefer nach 15 Jahren geschlägert werden. Das Holz wird zu Hackschnitzeln zerkleinert und hauptsächlich nach Japan exportiert.

Die Bäume des Eukalyptus machen Stockausschläge und können bis zu 3-mal ohne Aufforstung geschlägert werden. Auf diesen Flächen hat man in größeren Abständen nach der ersten Schlägerung, Douglasie und Mammutbäume beigemischt, welche nach 20 bis 40 Jahren erntereif sind.

Diese Aufforstungen wurden auf nährstoffreichen vulkanischen Ascheböden mit 1800 mm Niederschlag gemacht. Die Temperatur fällt vielleicht im Winter für zwei Monate in die Nähe von null Grad Celsius.

Die trockeneren Flächen, nördlich von Temuco bis weit in den Norden hinauf, wo auch das Tal des Weines – Vino del Mar liegt, war damals Ödland mit einem Grasbewuchs, weil sich für diese noch keine Käufer gefunden hatten. Auf der Fahrt zum Nationalpark der Araukarien-Wälder kamen wir an einigen Stellen mit aufgelassenen Weingärten vorbei. Nachdem ich diese Flächen vor 25 Jahren gesehen habe, wird dort seither noch nicht viel geschehen sein. So kann ich mir leicht vorstellen, dass eine Brandlegung oder eine kleine Feuerstelle genügt hat, um diesen Brand zu entfachen.

Wenn es das Feuer bis zu diesen Bretterbuden geschafft hat, dann gab es dort kein Entkommen mehr.

So sieht man wiederum, welche Folgen ein Eingriff in ein System hat, welches sich aus der Zeit der Besiedelung entwickelt hat.

Andere wiederum zogen 2000 km nach Norden in die Atacama nach Calama, wo riesige Kupfervorkommen sind und im Tagebau (ca. 40 m Abraum) abgebaut wird. Man hat uns gezeigt, dass ein neues Spital gebaut wurde, weil sich unter dem alten Krankenhaus ebenfalls große Erzlager befinden.

Der Abraum wurde wie ein Gebirge aufgeschüttet und sollte wiederum zum Befüllen der Bergwerksgrube verwendet werden. Nachdem jetzt darin aber seltene Erden gefunden wurden, welche man zum Bau von Batterien (Lithium) braucht, wird das Abraummaterial nochmals durchgearbeitet.

Calama hatte damals ca. 40.000 Einwohner. In der Atacama gibt es fast kein Wasser und das Trinkwasser wird mit Tankschiffen aus Patagonien gebracht. In einer Rohrleitung mit ca. 1 m Durchmesser pumpt man das Trinkwasser und in einem 2-Meter-Rohr das Brauchwasser (Flusswasser) von Antofagasta, vom Hafen, bis in 2200 m Seehöhe, nach Calama hinauf

In der Gegend südlich von Temuco hätten die enteigneten Besitzer diese Flächen zum Preis der Belastungen von den Banken zurückkaufen können. Die ursprünglichen Besitzer, welche bei der Enteignung schon eine Entschädigung bekommen hatten, oder ihre restlichen Flächen auch verkauft hatten, sind weggezogen.

Für diese guten Gründe, südlich von Temuco bis Puerto Mont, fanden sich europäische Käufer, welche ihr Geld in Aktiengesellschaften angelegt hatten. Ich hatte einen Bekannten, welcher solche Gründe vermittelte. Auf diesen Flächen wuchsen mittlerweile mehrere Meter hohen Sträucher, welche dieser mit schweren Maschinen rodete. Durch ihn bekamen wir Kontakt zu diesen Gesellschaften.

Abbrennen von Feldrainen und Schlagabraum

In meiner Jugend haben die Bauern im Frühjahr, solange der Boden noch feucht war, Feldraine und Böschungen abgebrannt. So konnten Kräuter und Blüh-Pflanzen, deren Samen im vorigen Sommer ausgefallen sind, in der Asche ein ideales Keimbett vorfinden. Jetzt ist dieses Abbrennen nicht mehr erlaubt und um sich die Pflege zu ersparen, wurden diese dem Erdboden gleichgemacht. Vielen Grundbesitzern ist es mittlerweile egal, was auf diesen Feldrainen wächst. So verschwinden sehr viele Pflanzen, welche gerade im Frühjahr für die Bienen eine Bedeutung gehabt hätten.

Im Gebirge wurde der Wald nach schmalen Streifenkahlschlägen hauptsächlich durch Naturverjüngung wiederum in Bestand gebracht.

Der Abtransport des geschlägerten Holzes erfolgte händisch mit dem „Sappel" talwärts. Durch das Ziehen oder Abrutschen der Stämme entstand eine Bodenverwundung. Auf diesen Stellen konnte sich hauptsächlich Nadelholz in einem Samenjahr leicht verjüngen. Bei den meisten Holzarten öffnen sich an sonnigen Tagen im Februar die Zapfen, bei Fichte und Lärche, und die Samen fallen meist noch auf die Schneedecke. Im abschmelzenden Schnee erfolgt eine sogenannte „Stratifikation".

Ich habe gelesen, dass der Manhartsberg bis ins 17. Jahrhundert ein Eichen- und Hainbuchenwald war. Solche Laubwälder wurden auch bei uns, zur Zeit Maria Theresas, da der Bedarf an Nadelholz als Bauholz groß war, in fast reine Kiefernwälder umgewandelt. Auf Böden, wo vorher Streunutzung gemacht wurde, hat man eine Schneesaat gemacht. Hauptsächlich verwendete man die Samen der Kiefer. Das meiste Saatgut wurde aus dem nördlichen Waldviertel, Tschechien und auch aus Polen bezogen. Diese Samen keimten auf streugenutzten Flächen im Frühjahr sofort.

Im 18. Jahrhundert gab es dafür sogar ein Gesetz, weil man das Nadelholz für die zunehmende Bevölkerung als Bauholz brauchte. Deshalb wurde auch im Wiener Becken und im Steinfeld die Steppenlandschaft mit Schwarzkiefern bepflanzt.

Im Gebirge habe ich in meiner Vorpraxis miterlebt, dass im Spätherbst, meist im 2. Jahr nach der Schlägerung, die Fratten (in Reihen aufgeschichtetes Astholz) kontrolliert und unter Bewachung, solange das Reisig noch trocken war, abgebrannt wurden. Auf diesen Brandflächen verjüngte sich in der Asche vom angrenzenden Bestand oder von „Überhältern" die Lärche erfolgreich.

Aus Kostengründen werden durch die maschinelle Holzernte häufig Großkahlschläge gemacht. Bei der Aufforstung werden vornehmlich die geförderten Holzarten verwendet. Diese entsprechen aber nicht immer dem Standort oder jener erwünschten Mischung des Endbestandes, sodass ab dem mittleren Baumholz nur noch eine Holzart übrigbleibt.

Gibt es Zusammenhänge zwischen großen Waldbränden und Überschwemmungen?

Es ist ein Phänomen, dass es, je mehr wir uns bemühen, weniger CO_2 zu emittieren, desto katastrophalere Wald- und Buschbrände und Überschwemmungen gibt es.

Man muss versuchen, die Ursachen zu hinterfragen, ob nicht doch ein Zusammenhang besteht. In Gegenden mit großen Waldgebieten oder landwirtschaftlichen Flächen ist durch die Photosynthese sehr viel Sauerstoff vorhanden. Da der Sauerstoff sehr aggressiv ist, will er sich mit anderen Elementen verbinden. Wenn der Sauerstoff eine höhere Konzentration hat, genügt nur eine kleine Ursache, wie Blitzschlag, Lagerfeuer, weggeworfene Zigaretten oder vielleicht auch eine zerbrochene Glasflasche, welche wie ein Brennglas wirkt, um einen Brandherd zu bilden.

Es könnte auch zu einer erhöhten Sauerstoffkonzentration einmal kommen, wenn aus Wasser durch die Elektrolyse Wasserstoff gewonnen wird.

Bei einem Tiefdruckgebiet strömen die Luftmassen in die Höhe und kühlen immer mehr ab und können dann die Feuchtigkeit nicht mehr halten. Bleibt ein Tiefdruckgebiet stabil über einem Landstrich, kommt es zu großen Niederschlägen und in Folge auch zu Überschwemmungen und Vermurungen.

Werden die Wolken oder Gewittertürme mit viel Feuchtigkeit in große Höhen verfrachtet, bilden sich durch die Abkühlung aus den Wassertröpfchen auch Hagelkörner, welche meist mit Sturm auf den Kulturflächen großen Schaden anrichten können.

Bei großflächigen, katastrophalen Wald- oder Steppenbränden ist meist eine mächtige, trockene Gras- oder Streuschicht vorhanden. Diese bildet sich, wenn große Grundflächen jahrzehntelang nicht mehr bewirtschaftet wurden, weil es unrentabel geworden ist. Durch Trockenheit hat sich auf diesen Flächen eine Rohhumusschicht mit einer Grasschicht, Nadel- oder Laubstreu gebildet. Am 25.03.2023 hat ein Spaziergänger im Dunkelsteinerwald durch eine Zigarette einen Waldbrand mit einer Fläche von ca. 9 ha verursacht. Da der Unterboden noch feucht war, konnte er verhältnismäßig rasch gelöscht werden, nur in alten Stöcken hat sich die Glut noch 2 Tage gehalten und es musste jeder einzelne mit Wasser gelöscht werden.

Als man für die Landwirtschaft die Streu noch als Einstreu und als Dünger gebraucht hat, wurde der mineralische Boden freigelegt und dort fanden in einem Samenjahr die im Spätwinter ausfallenden Samen ein ideales Keimbett vor. Stimmten die Lichtverhältnisse, dann konnte sich eine Naturverjüngung einstellen. Der Waldboden blieb unter dem Altholz feucht und es war im Wald ein kühleres Klima.

Wenn aber das Altholz aus Kostengründen nicht mehr geschlägert wird und es noch dazu ein Sonnenhang ist, dann wachsen nur mehr Trockengräser, welche einen dichten Filz und Rohhumus bilden.

Auf solchen Flächen kann es in einer längeren Trockenperiode durch einen Blitzschlag oder ein Lagerfeuer, welches nicht ordentlich gelöscht wurde, zu einem Waldbrand kommen.

Früher war oftmals der Funkenflug einer Dampflokomotive die Ursache eines Waldbrandes. Hauptsächlich im Frühjahr, bei Trockenheit, mussten wir, das Forstpersonal, auch an Wochenenden, zu den Fahrzeiten entlang der Eisenbahnstrecke, wo der Zug durch den Wald fuhr, Schutzdienst machen. Seit dem Einsatz von Diesel-Locks auf diesen Strecken oder der Elektrifizierung von vielen Bahnstrecken ist die Waldbrandgefahr gebannt. Die Böschungen der Bahndämme wurden früher von den Eisenbahnern gemäht, denn viele brauchten das Futter für eine Kuh oder ihre Ziegen. Als das Futter nicht mehr gebraucht wurde, hat man die Bahndämme im Frühjahr, bei feuchter Witterung, abgebrannt.

Im Fernsehen wurde einmal gezeigt, dass in Kalifornien durch einen abgebrochenen Ast, welcher auf eine Stromleitung fiel, ein Waldbrand entstanden ist, wobei auch Häuser und Menschen zu Schaden kamen.

In großen, unbewohnten Waldgebieten bildet sich durch die Photosynthese in Mulden und Tälern ein Überschuss an Sauerstoff, der sich mit anderen Elementen verbinden will. Dazu genügt oft nur ein Funke und selbst grüne Äste beginnen zu brennen. Durch die Hitze steigt die warme Luft auf und es wird sauerstofffreie Luft angesaugt, sodass die Flammen oft bis in die Kronenbereiche der Bäume reichen.

Bei einem Waldbrand wird die Luft erwärmt und sie steigt auf. Da die Luft durch die Erwärmung Feuchtigkeit aufnimmt und aufsteigt, kommt frische, sauerstofffreie Luft nach. Dieser Sauerstoff braucht wiederum organisches Material und es wird noch mehr Hitze erzeugt. Dieser Kreislauf wird fortgesetzt, solange brennbares Material vorhanden ist.

Die heiße, mit Feuchtigkeit angereicherte Luft, kann in große Höhen aufsteigen. Ich habe einmal gelesen, dass dies bis zu 13 km erfolgen kann. In diesen Höhen ist es sehr kalt und das Wasser kondensiert zu Wolken, welche durch den Wind weiterbewegt werden. Die Ascheparticle binden Wasser, welches gefriert und durch die Luftbewegung wiederum mit warmer, feuchter Luft zusammenkommt und sich so die Feuchtigkeit an diese kleinen Teile anlegt. Durch das Gewicht fallen die kleinen Körner in tiefere Lagen und reichern sich wiederum mit Wasser an.

Ich habe bezüglich dem Saharastaub die Chat-GPT befragt und folgende Antwort bekommen:
Ich zitiere wörtlich:
Frage: Hat der Saharastaub eine Auswirkung zur Hagelbildung –
ChatGPT:
Saharastaub kann durch seine Rolle als Kondensationskeim und durch die Veränderung der Wolkenmikrophysik die Hagelbildung beeinflussen.
*Der Staub kann die Bildung von Eiskristallen und die Struktur der Gewitterwolken beeinflussen, was in einigen Fällen zu einer erhöhten Hagelbildung und **größeren Hagelkörnern** führen kann. Die genauen Auswirkungen hängen von verschiedenen Faktoren ab, einschließlich der Konzentration des Staubs, der atmosphärischen Bedingungen und der geografischen Lage.*

Durch den Brand entstehen oftmals Stürme, weil sauerstoffreiche Luft angesaugt wird und die heiße Luft rascher emporsteigt. Die Eiskörner werden dadurch erneut hochgeschleudert und oftmals verbinden sich einige Körner miteinander, werden dort tiefgefroren und fallen wiederum in tiefere Lagen. Je nachdem wie oft und wie lange dieser Vorgang stattfindet, entstehen manchmal sehr große Hagelkörner.

Dauern diese Waldbrände mehrere Wochen lang an, so bewegen sich die warmen, mit Feuchtigkeit angereicherten Wolken über größere Entfernungen, je nach Großwetterlage, weiter. Treffen diese, wie bei einem Italientief, die Alpen, so stauen sich die Wolken und werden an den Bergen hinaufgedrückt, wo sie abkühlen und die Feuchtigkeit nicht mehr halten können. Es kommt zu starken Niederschlägen, welche nicht selten zu Überschwemmungen und Murenabgängen führen können.

Der gleiche Effekt entsteht bei Vulkanausbrüchen, welche oft mehrere Wochen lang andauern.

Wenn man die beiden katastrophalen Ereignisse der Wald- und Flurbrände und der Überschwemmungen und Hagelschäden betrachtet, so kommt mir vor, dass zwischen diesen Katastrophen ein Zusammenhang und eine Wechselwirkung besteht.

Was könnten wir Menschen gegen diese Naturgewalten machen?

Hochwässer und Überschwemmungen hat es schon immer gegeben. Der Mensch hätte sich nur darauf einstellen müssen.

Im alten Ägypten hat man die Frühjahresüberschwemmungen als eine Gunst der Götter angesehen. Durch die Überflutung und die Ablagerung von Sedimentmaterial wurde der Boden fruchtbar gemacht.

Durch den Bau des Assuan-Staudammes gibt es jetzt keine Überschwemmungen mehr und deshalb müssen die landwirtschaftlichen Flächen, hauptsächlich Baumwollfelder, künstlich bewässert und auch gedüngt werden.

Ähnliche Überschwemmungen fanden auch im Zweistromland Mesopotamien statt und es entstand fruchtbares Land. Seit in der Türkei, an den Flüssen Euphrat und Tigris, Staudämme gebaut wurden, einerseits zur Stromgewinnung und anderseits für die Bewässerung der Plantagen, fehlt im Irak das Wasser und es breitet sich dort die Steppe und die Wüste immer mehr und mehr aus.

Ähnliche Überschwemmungen finden in Afrika in der Savanne statt. Nur leben dort keine Menschen und die wildlebenden Tiere haben sich in der Evolution darauf eingestellt.

In Südamerika findet im Pantanal jährlich nach Einsetzen der Regenzeit und der Schneeschmelze im September eine Überschwemmung statt. Dort wird eine Fläche, halb so groß wie Deutschland, für 6 Monate unter Wasser gesetzt.

Auch die Römer haben ihre Verkehrswege nicht entlang der Flüsse, sondern immer in höheren Lagen oder Bergrücken angelegt, um bei den Truppenbewegungen nicht behindert zu werden.

Nur wir haben unsere Siedlungen und Straßen entlang der Flüsse angelegt, weil man glaubte, durch die Regulierung und Schiffbarmachung der Donau und anderer größerer Flüsse im 19. Jahrhundert können wir bis zum Ufer unsere Wohnsiedlungen bauen. Jetzt brauchen wir den Hochwasserschutz und schieben den Klimawandel vor, sollte es zu Überschwemmungen kommen.

Im Allgemeinen sind wir gegen Naturereignisse machtlos. Die Menschen sollten sich der Gefahr bewusst sein und nicht dort, wo die Gefahr eines Abrutschens eines Berghanges, dem Abgehen von Lawinen, oder Überschwemmungen möglich sind, zu bauen.

Wir können jedoch vorbeugend etwas dagegen tun. Bei uns sind fast alle Bäche und Flüsse begradigt und damit die Abflussgeschwindigkeit erhöht worden. Das Bach- oder Flussbett und auch die Böschungen müssen von umgestürzten Bäumen und Sträuchern freigehalten werden, daher ist aber eine laufende Kontrolle notwendig.

Bleiben umgestürzte Bäume und Sträucher im Bachbett oder in der Nähe liegen, so kommt es bei Unwettern oft bei Brücken zu Verklausungen, wobei dann das Wasser entlang einer Straße rinnen kann. In Ortschaften werden oft Keller und Wohnungen überflutet. Dabei kommt es zu Schäden an Stellen, wo man glaubte, dass dort nie ein Unwetter einen Schaden anrichten kann.

Sehr schlimm ist es, wenn das Wasser in Kellerräume eindringt, wo Heizmaterial gelagert ist. Auch in Öltankräumen können bei Überflutungen die Leitungen abgerissen werden und das vorhandene Öl kann auslaufen.

Jetzt ist die „**Renaturierung**" wiederum lebensrettend für die Menschheit. In der ZIB 2, am 19. Juni, wurde von Greenpeace behauptet, dass 80 % der Böden in schlechtem Zustand sind.

Ich konnte nirgends erfahren, **wer den Zustand der Böden feststellt.**

Hier kann man über Wert, Nutzen und Schönheit der Regulierung verschiedener Ansicht sein.

Ich bin auch dafür, weil ich in einem Fischwasser der Wultscha, im nördlichen Waldviertel, fischen durfte. In den Mäandern einer großen Wiesenfläche standen immer die größten Bachforellen. Doch was soll dort jetzt geschehen, wo vor 60 Jahren der Fluss begradigt wurde, um mehr landwirtschaftliche Flächen zu bekommen?

Mittlerweile sind diese Wiesen aufgeforstet worden und der Wald ist jetzt ca. 15 bis 20 m hoch.

Um diesen Fluss zu renaturieren, müsste der Wald gerodet werden. Die Behörde würde dafür keine Bewilligung geben und auch die Naturschützer würden dagegen sein.

Beginnen könnte man mit der Renaturierung im Nationalpark „Donauauen".

Es wäre interessant, ob es gelungen ist, dass sich die Schwarzpappel natürlich verjüngt hat und alle „Götterbäume" (Ailantus) und „Eschenblättrige Ahorn" (Acer negundo) entfernt werden konnten. In Petronell, welcher Auwald auch zum Nationalpark gehört, habe ich einmal riesige Flächen mit Goldrute (Solidagno virganrea) und Himalaja-Springkraut (Impatiens glandulifera) gesehen.

Artenschutz

Der Artenschutz ist für viele NGOs ein populäres Thema. Es stellt sich aber die Frage, welche Tier- und Pflanzenarten geschützt werden sollen?

Indem alle Pflanzen und Lebewesen für die höher entwickelten Tiere bis zu uns Menschen am Ende der Nahrungskette eine wichtige Rolle spielen, ist es schwer zu entscheiden, wo man mit dem Schützen anfangen sollte.

Beginne ich bei den kleinsten Lebewesen, den Mikroorganismen, oder bei den großen Tieren, den Raubtieren, oder den großen Pflanzenfressern? Auch der Mensch kann miteinbezogen werden.

Ein gutes Beispiel ist der Fischotter. Die Lebensgewohnheit dieser Tierart ist es, seine Nahrung in den Gewässern, ob Fluss, Bach, Teich oder See, zu suchen.

In Bächen geht der Otter immer gegen den Wasserlauf. Da alle Tiere im Wasser eine Ausscheidung von sich geben, wittert dieser, dass er weiter oberhalb Nahrung finden kann. In kleinen Gewässern ist dies sehr leicht, weil die Fische oder Krebse fast nicht fliehen können. So räumt der Otter dieses Gewässer meist vollständig leer. In diesen Gewässern hat auch vorher der Schwarzstorch seine Nahrung, in Form der Fische, gefunden. Dieser verschwand in der Nähe von kleineren Bächen, weil dort für ihn keine Nahrung mehr zu finden ist.

Der Otter weicht aus und sucht sich dann Biotope, welche wegen des Naturschutzes, z. B. bei Kommassierungen für Wasservögel, angelegt wurden, welche dort im Schilf oder Röhricht brüten. Der Otter nimmt auch deren Witterung auf und raubt die Eier aus den Nestern der Wasservögel, oder ein brütendes Weibchen, welches nicht rechtzeitig wegfliegt.

Dann schlüpfen die Jungen und verlassen nach kurzer Zeit das Nest. Da sie einige Monate nicht fliegen können, schwimmen sie im Teich herum und fühlen sich sicher. Der Otter taucht unter und fängt von unten die Küken und dezimiert so massiv den Bestand der Wasservögel.

Betrachten wir den Artenschutz beginnend von den Kleinstlebewesen im Wasser. Wir sind stolz, dass unsere Flüsse fast Trinkwasser-Qualität haben. Dieses Wasser ist tot und es gibt dort kein Plankton oder keine Kleinstlebewesen mehr. Genau diese würden am anderen Ende der Nahrungskette zum Fischotter oder Menschen führen. Selbst Gelsenlarven ernähren sich von Kleinstlebewesen und sie dienen auch wiederum anderen, im Wasser lebenden Insektenlarven, wie den Libellenlarven, als Nahrung. Geschlüpfte Jungfische ernähren sich, nachdem der Dottersack aufgebraucht ist, von winzig kleinen Krebsarten. Auch Kaulquappen ernähren sich von verschiedensten, im Wasser lebenden Insektenlarven. Kleine Tiere sind immer wiederum Nahrung größerer Lebewesen, wobei auch Jungtiere der eigenen Art (bei Raubfischen) gefressen werden. Dies geht soweit, bis wir wiederum beim Fischotter oder dem Menschen sind, welche am anderen Ende der Nahrungskette stehen.

Nachdem aber das Flusswasser fast keine Nahrung mehr bietet, finden alle anderen Arten wenig Nahrung und sind nicht mehr vorhanden. Andere, größere Lebewesen können auf andere Nahrungsquellen ausweichen, wie z. B. der Fischotter auf Eier und Küken der Wasservögel.

Wer ist also schuld, weshalb der Schwarzstorch nicht mehr vorkommt?

Ist das reine, geklärte, tote Wasser oder der Fischotter schuld?

Früher, als noch fast in jedem Haus Tiere gehalten wurden, gab es einen Misthaufen. Bei jedem Regen wurde die Jauche abgeschwemmt und kam so in die Bäche. Dort wirkte sie wie ein Dünger und die Kleinstlebewesen konnten sich vermehren. Ein Problem wurde die Landwirtschaft erst dann, als manche Landwirte das Silowasser in den Abwasserkanal leiteten und dadurch in den Bächen alle Fische starben. Hohe Strafen haben dann zu einem Umdenken bei den Landwirten geführt.

Wenn es bei einer Tierart eine starke Vermehrung gibt, so erfolgt bei höhergestellten Tieren auch mehr Zuwachs. Es gibt auch unter den Tieren einen Überlebenskampf, wobei der Nahrungskonkurrent ausgeschaltet wird. Sprichwörtlich „verfeindet wie Hund und Katze". Eine Bärin mit Jungen duldet in großem Umkreis keine anderen Bären. Ein männlicher Bär wiederum will die jungen Bären töten, damit die Bärin bald wiederum „ranzig", d. h. paarungsbereit, wird.

So ist der Fischotter ein Nahrungskonkurrent des Menschen, weil er uns die Lebewesen im Wasser raubt. Das Gleiche gilt für den Wolf als Konkurrent, weil er uns die Schafe und das Wild raubt, welche uns als Nahrung dienen. Deshalb wurden diese immer vom Menschen verfolgt, heute sagt man dazu jagen.

Derzeit leben auf der Erde 8 Milliarden Menschen, aber was wird sein, wenn sich diese auf 10 oder mehr Milliarden vermehren?

Muss es dann zu einem Umdenken des Artenschutzes kommen? Auch in Kriegsgebieten und Dürrezonen wird alles verzehrt, was den Hunger stillt. In belagerten Städten, wo von außen keine Nahrungsmittel hineinkamen, wurden Hunde und Katzen, ja selbst Ratten als Nahrungsmittel verkauft.

Es gibt bei uns in den Wohngebieten vermehrt die Haus- oder Steinmarder. Diese wiederum ernähren sich neben Hausgeflügel vermehrt von Ratten. Deshalb sind die Populationen der Ratten in Wohngebieten zurückgegangen. Sie haben sich andere, sicherere Gebiete gesucht, haben sich in Böschungen der Flussufer eingegraben und suchen das Futter in den angrenzenden Weizen- oder Maisfeldern.

Wir füttern im Winter die Singvögel, damit sie gut über den Winter kommen und sich vermehren können. Es ist seither zu beobachten, dass viel mehr Turmfalken zu sehen sind.

Durch Schutzmaßnahmen eines Teils, bietet sich ein erhöhtes Angebot an Nahrung für andere Lebewesen. Bricht hingegen ein Teil der Nahrungskette zusammen, so hat dies Folgen für das ganze Ökosystem.

In einem Beitrag der Universum-Reihe im ORF über die Flusspferde habe ich gesehen, dass deren Ausscheidungen für die Kleinstlebewesen im Wasser als Nahrung lebensnotwendig sind.

Ein weiteres Beispiel der Anpassung an die Nahrungsquelle sind bei den Fischen der **Graskarpfen**, auch **Weißer Amur** (*Ctenopharyngodon idella*) genannt, welcher in Teichanlagen zur

Beseitigung des Algenwuchses und der Wasserlinsen ausgesetzt wird, weil er sich fast ausschließlich von Pflanzen ernährt.

Der **Silberkarpfen**, auch **Tolstolob** oder **Silberamur** (*Hypophthalmichthys molitrix*) genannt, ernährt sich wiederum vom Plankton, welches hauptsächlich von den Ausscheidungen des Graskarpfens stammt. Deshalb wird beim Besatz eines Teiches ca. 10 % der Stückzahl zum Graskarpfen gegeben.

An diesem Beispiel kann man sehen, wie sich die einzelnen Tierarten in der Evolution an die Nahrungsangebote angepasst haben.

Ich war dieses Jahr wieder einmal in Hardegg, im Nationalpark Thayatal. Dort konnte man von der Brücke aus immer viele Fische beobachten. Auch waren immer viele Schwäne dort. Dieses Jahr waren bei den ca. 20 Altschwänen nur ein einziger Jungschwan (graues Federkleid) zu sehen. Mir ist aufgefallen, dass der Fluss am Grund vollständig mit Wasserpflanzen bedeckt ist und keine Fische zu sehen waren.

An diesem Beispiel kann man erkennen, dass es ohne Regulierungsmaßnahmen unmöglich ist, alle Arten zu schützen. Der Tierbestand in der Natur richtet sich immer nach dem Nahrungsangebot. Es werden immer so viele Jungtiere durchkommen, wie groß das Nahrungsangebot ist.

Manche Tiere haben eine eigene Strategie entwickelt. Der Uhu, z. B. legt in gewissen Abständen ein Ei. Diese werden alle bebrütet und aus dem ersten Ei schlüpft das Küken. Dieses wird mit Futter versorgt und wenn das zweite Küken schlüpft, wird auch dieses gefüttert. Wenn die Elterntiere genug Futter heranschaffen können, werden alle versorgt. Manchmal kommt es vor, dass drei oder vier Jungtiere überleben oder aber bei Nahrungsmangel nur das erstgeschlüpfte Küken gefüttert wird und überlebt.

Plankton

Plankton sind kleinste Teile, welche im Wasser schwimmen und die Nahrungsgrundlage für alle Tiere, welche im Wasser leben oder einen Teil ihres Lebenszyklus, meist im Larvenstadium, dort verbringen.

Man unterscheidet: (*Aus Wikipedia*)
Wikipedia https://de.wikipedia.org › wiki › Marines_Phytoplankton
14. 09. 2024

Phytoplankton (pflanzliches Plankton) wie Kieselalgen, Grünalgen und etc. Diese nehmen neben dem gelösten Dünger im Wasser auch über die Photosynthese den Kohlenstoff aus dem CO_2 auf, welcher durch die Wellenbewegung mit der Luft ins Wasser gelangt ist.

Zooplankton (tierisches Plankton) sind Organismen, wie z. B. kleine Krebstierchen, welche bei der Aufzucht von Fischen (z. B. Forellen) unbedingt notwendig sind, denn diese Fischlarven brauchen nach dem Schlüpfen, wenn der Dottersack aufgebraucht ist, tierische Nahrung.

Plastik-Plankton sind kleinste Teilchen vom Kunststoff. Diese Kunststoffteilchen kleben sich an anderes Plankton, hauptsächlich Algen, an und werden von Fischen, welche von Plankton-Filtrieren mitgefressen werden. Das Plastikplankton kann nicht oder schwer verdaut werden und wandert bei manchen Arten so in der Nahrungskette mit.

Der Gummiabrieb der KFZ-Fahrzeuge macht ca. 60 % des Plastikplanktons (wie ich gelesen habe)

Umweltbundesamt: https://www.umweltbundesamt.at › site › rep0547 PDF am 14. 09. und Chat-GPT 09. 10. 2024 aus. Weiters entsteht durch die Verwitterung, Zersetzung und Reibung vom Plastikmüll, durch Kleidung, Kunst-Pelzmäntel samt Innenfutter, weil die Haare abbrechen, und gelangt, durch Wind und Regen, auch mit dem Abwasser als Mikroplankton in die Bäche und Flüsse, klebt sich an Phytoplankton an und gelangt so in den Nahrungskreislauf und schädigt so die Umwelt.

Mikroplastik wurde auch schon im Trinkwasser und im Erdboden entdeckt.

Sind keine organischen Stoffe im Gewässer, so herrscht Nährstoffmangel und es kann sich kein **Zoo-Plankton** vermehren. Manche Flüsse und Teile von Meeresgebieten bezeichnet man deshalb als **ökologische Wüsten.**

Kommt es in stehenden Binnengewässern und Fließgewässern zu Nährstoffüberschuss, kann das stark anwachsende Phyto-Plankton (zum Beispiel Algen – Wasserlinsen) zum sogenannten „Umkippen" führen.

Voraussetzung zum Überleben ist für Plankton seine Schwebefähigkeit (gesichert etwa durch Wasserturbulenzen, Fortbewegungs- oder Schwebeorgane, Wasser- oder Gasspeicherung). Die Bodenberührung führt meist zu deren Absterben.

Manche Walarten ernähren sich nur vom Plankton, wobei kleine Krebstierchen (Krill) die Hauptnahrungsquelle darstellen.

Streusalz der Straßen im Winter gelangt nach der Schneeschmelze in die Gewässer und es kann streckenweise zu einer Beeinträchtigung oder zum Absterben des tierischen Planktons führen.

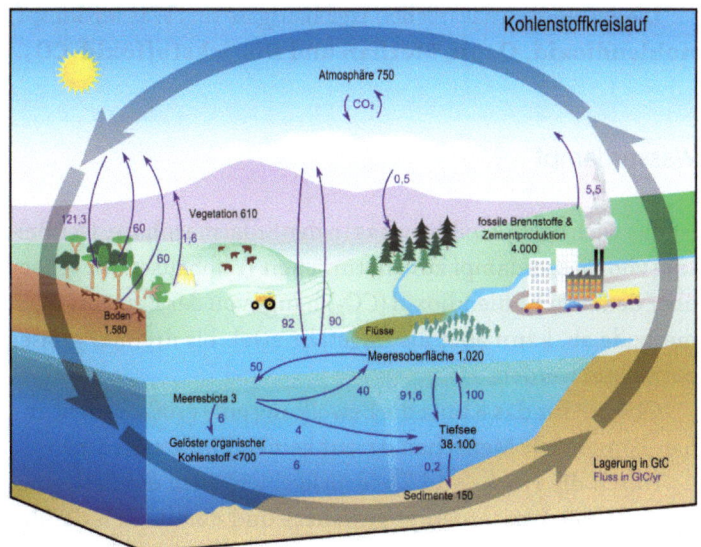

Kohlenstoffkreislauf

Elemente mit Treibhauseffekt

Folgende Abschnitte sind sinngemäß teilweise aus Wikipedia entnommen.
Planet Schule: https://www.planet-schule.de › Barrierefrei › pages › D...12.04. 2023 Und ChatGPT am 9. 10. 2024

Treibhausgase sind diejenigen Gase in der Erdatmosphäre, die den sogenannten Treibhauseffekt produzieren.

Treibhausgase sind Gase in der Erdatmosphäre, die Wärmestrahlung reflektieren und so für die Erwärmung der Erde verantwortlich sind.

Treibhausgase wirken ähnlich wie das Glas in einem Gewächshaus: Sie absorbieren die von der Erdoberfläche abgestrahlte Sonnenwärme, halten sie in der Atmosphäre fest und verhindern, dass sie in den Weltraum entweicht.

Im Kyoto-Protokoll sind folgende Gase angeführt, welche hauptsächlich das Klima beeinflussen:

Die wichtigsten natürlichen Treibhausgase sind **Wasserdampf, Kohlendioxid, Ozon, Methan und Distickstoffoxid-CO_2.**

Wasserdampf

ist das wichtigste Treibhausgas in der Erdatmosphäre. Der Beitrag von Wasserdampf zum natürlichen Treibhauseffekt gegenüber dem von Kohlendioxid (CO_2) hängt von der Berechnungsmethode ab, kann aber als ungefähr zwei- bis dreimal größer betrachtet werden.

Obwohl für das Klima die Bewölkung eine große Bedeutung hat, können wir Menschen darauf keinen Einfluss nehmen.

Durch die Hoch- und Tiefdruckgebiete wird die Sättigung der Luft mit Wasserdampf gesteuert und damit auch die Bewölkung bestimmt.

O₃: Ozon

Ozon ist eine Form von Sauerstoff (dreiwertiger Sauerstoff). Er kann in der Atmosphäre bei einem Gewitter durch Blitze entstehen. Bei und nach einem Gewitter kann man „Ozon" riechen, weil ein besonderer Geruch in der Luft liegt, welcher aber bald wieder verschwindet.

Früher wurde immer vom Ozonloch über der Antarktis gesprochen, welches immer größer wird und die Sonneneinstrahlung zur Erde durchlässt. Dies dürfte aber jetzt keinen klimaschädlichen Effekt mehr haben, weil es bei der Klimadebatte keine Bedeutung mehr hat.

In der Medizin wird manchmal eine Ozontherapie angewandt, da Ozon eine keimtötende Wirkung hat.

Genauso wenig wird über die Stickoxyde oder die FCKW-Werte gesprochen. Letztere waren als Treibmittel in Spraydosen, sind aber seither verboten.

Die folgenden 3 Treibhausgase werden in getrennten Kapiteln behandelt

CO₂: Kohlendioxid – chemische Verbindung von Kohlenstoff und Sauerstoff.

CH₄: Methan – chemische Verbindung von Kohlenstoff und Wasserstoff.

N₂O: Lachgas od. Distickstoffmonoxid – chemische Verbindung von Stickstoff mit Sauerstoff.

Der Kohlenstoff
und deren Verbindungen

Der Kohlenstoff kommt in der Natur in verschiedenen Formen vor. Reiner Kohlenstoff findet sich hauptsächlich im Grafit und Diamant.

Vom gesamten Vorkommen von Kohlenstoff auf unserer Erde befindet sich ca. 90 % in Gesteinen, dabei hauptsächlich in Kalk- Dolomit- und Schiefergesteinen, in Gehäusen von Muscheln und Schnecken und auch in fester Form in allen organischen Substanzen.

Er kommt aber auch in den fossilen Formen wie Kohle, Erdöl und Erdgas vor und wird von uns Menschen zur Energiegewinnung genutzt.

Als Gas ist Kohlenstoff in Verbindung mit Sauerstoff zu CO_2 und damit ein wesentlicher Anteil der Atmosphäre.

Verwendung findet reiner Kohlenstoff-Grafit für feuerfeste Produkte wie Ofenauskleidungen oder Schmelztiegel bei der Erzgewinnung. Dieses Element hat eine gute Wärmeleitfähigkeit und eine chemische Stabilität, sowie eine große Beständigkeit gegenüber Hitze.

Für uns Menschen ist Kohlenstoff lebenswichtig, weil wir ihn mit den Nahrungsmitteln, welche hauptsächlich aus Kohlenstoff bestehen, zu uns nehmen und daraus Energie gewinnen.

Alle Pflanzen und Bäume benötigen Kohlenstoff, welche über die Photosynthese das CO_2 aufspalten, den Kohlenstoff in der Pflanze speichern und den Sauerstoff zum Atmen für uns freisetzen.

In der Natur besteht ein Kohlenstoffkreislauf.

Bei der Zusammenstellung der Erntemengen ist mir aufgefallen, dass diese in den letzten 15 Jahren ständig angewachsen sind. Nur manchmal ist bei einer Fruchtart in einem Jahr ein Minderertrag festzustellen. Besteht vielleicht zwischen der Zunahme von CO_2 in der Luft und den höheren Erträgen ein Zusammenhang?

Teilweise aus: *Quelle: myclimate Klimabooklet 2019*
Für unser Klima ist die Kohlenstoffverbindung mit Sauerstoff zu CO_2, als Treibhausgas, (nach Prof. Dr. Schöne) mit 407 ppm von größter Bedeutung.

Bei vielen Vorgängen in unserem Lebensbereich, wie beim Autoverkehr, der Industrie, bei der Heizung, bei der Gärung, der Kompostierung, der Fäulnis und noch einigen anderen Vorgängen, verbindet sich der Sauerstoff der Luft mit dem Kohlenstoff der organischen Substanzen (Pflanzen, Kohle, Erdgas, etc.) zum sogenannten CO_2.

Bei unserer Atmung wird sauerstoffreiche Luft (407 ppm) eingeatmet und CO_2 angereicherte Luft (ca. 30.000 ppm) ausgeatmet. Es erfolgt im Körper eine Oxydation, wo durch Vorgänge in unserem Körper die als Nahrung aufgenommenen Nährstoffe (Kalorien – Kohlehydrate) in Körperwärme, in Kraft bei der Arbeit und beim Sport umgewandelt werden.

Gleiches gilt bei den Tieren. Früher wurden ca. 25 % der Acker- und Wiesenflächen benötigt, um das Futter für die Zugtiere, Ochsen und Pferde anzubauen.

Jetzt wird diese Energie aus fossilem Treibstoff erzeugt, welcher vor Millionen von Jahren einmal als CO_2 in der Atmosphäre war und in den Pflanzen gespeichert wurde. Durch Ereignisse auf der Erde gelangten diese in große Tiefen und wurden zu Kohle, Erdöl und Erdgas umgewandelt. Wir fördern diese wieder an die Oberfläche, machen daraus Energie und geben wiederum das CO_2 an die Atmosphäre ab.

Das Problem dabei ist, dass wir das schon einmal gespeichertes CO_2 zusätzlich zur normalen Emission dazugeben und dabei in Kauf nehmen, dass eine Klimaerwärmung stattfindet.

Die Entstehung von natürlichem CO_2 findet auch bei der Kompostierung organischen Materials, bei der Fäulnis von Holz, Obst- oder Gemüse, bei der Gärung von Wein oder Most, bei der Silierung der Futterpflanzen, bei der Verrottung der Streu im Wald und auch bei der Atmung statt. Auch bei der Erzeugung von Zement (Kalkmergel) oder Branntkalk ($CaCO_3$)

wird das im Gestein gespeicherte CO_2 durch den Brennvorgang wieder frei.

Der verarbeitete Zement oder Kalk nimmt wiederum CO_2 aus der Luft auf und verbindet sich wiederum mit dem ursprünglichen Element zu Kalziumkarbonat ($CaCO_3$) oder Beton.

Ich habe im Fernsehen, bei NÖ heute, einen Beitrag über die „CO_2 Senke" des Waldes gesehen. Dabei wird zwar die Speicherung von CO_2 im Holz der Bäume positiv erklärt, doch durch den Laubabfall und der Verrottung der abgefallenen Blätter aber als negativ angesehen, weil wiederum CO_2 entsteht und dem Wald nur ein geringer Anteil der CO_2 Senke gutgeschrieben werden kann. Bei diesem Beitrag wurde nur vom Laubwald gesprochen.

Es ist klar, dass die Blattmasse bei Laubholz einen größeren Anteil am Gesamtzuwachs als die Nadeln der Nadelbäume haben. Diese Blattmasse wird aber jährlich erneuert und daher nicht in der Holzmasse gespeichert.

Bei Nadelholz verbleibt der Großteil der Nadeln, mit Ausnahme bei der Lärche, am Baum. Beim Nadelwald beginnt im Frühjahr wiederum die Assimilation, sobald eine gewisse Wärme und Feuchtigkeit vorhanden ist, beim Laubwald müssen aber zuerst die Blätter gebildet werden. Wo genügend Niederschläge fallen, besonders in der Vegetationszeit, kommt von Natur aus mehr Laubwald vor.

In Trockengebieten, im Hochgebirge oder in nördlichen Ländern gibt es mehr Nadelwälder. Diese können im Frühjahr sofort mit der Assimilation beginnen, während die Laubbäume erst Blätter bilden müssen. Oftmals gibt es durch die Klimaerwärmung einen sehr trockenen Sommer und die Laubbäume verfärben ihre Blätter und fallen auch oftmals schon im August ab, es kann so keine Assimilation mehr stattfinden und die Wurzeln können nicht mehr mit Nährstoffen versorgt werden.

Deshalb werden Laubbäume durch die Klimaerwärmung früher Probleme bekommen als Nadelbäume.

Auch in den Kläranlagen entsteht bei der Umwandlung der organischen Bestandteile Kohlendioxid und Methan. Übrig bleiben nur die mineralischen Bestandteile als Klärschlamm.

Das abfließende Wasser ist zwar rein aber tot und ist für die Kleinstlebewesen im Wasser wertlos. Wie schädlich die Waschmittel, WC-Steine, Putzmittel jeglicher Art und Geschirrspülmittel sind, habe ich nicht nachgesucht.

Der natürliche Kreislauf in den Bächen und Flüssen der Lebewesen beruht auf einer Zufuhr von organischer Substanz. Fällt z. B. Laub in den Bach, verfault dieses und kann von Kleinstlebewesen, als Plankton, aufgenommen werden. Dieses dient wiederum als Futter für die frisch geschlüpften Fische. Selbst Gelsenlarven ernähren sich von organischen Substanzen und sind wiederum Nahrung für Fische und Krebse. Es ist auffällig, dass es immer weniger Gelsen gibt.

Der Kreislauf vom CO_2 – Kohlenstoffdioxid

Durch Emissionen, Verkehr, Fabriken, Fäulnis, Verrottung, Gärung, Atmung und vieles mehr gelangt das CO_2 in die Atmosphäre. Von dort wird es mittels Photosynthese der grünen Pflanzenteile der Luft entnommen.

Im Wald wird es als Holzmasse, auf landwirtschaftlichen Flächen in allen Feldfrüchten wie Getreide, Mais, Zuckerrüben, Kartoffeln und Gras gespeichert.

Wir Menschen nutzen dieses gespeicherte CO_2 vom Wald als Nutz- und Brennholz, die Feldfrüchte zum Teil direkt vom Getreide im Mehl, die Kartoffeln, das Gemüse vom Garten oder Verfüttern dieses gespeicherte CO_2 an Tiere, welches wir z. B. als Fleisch, Milchprodukte und Eier als Nahrung zu uns nehmen.

Wir Menschen geben dieses CO_2 wiederum, wie anfangs erwähnt, an die Atmosphäre ab. Damit schließt sich der Kreislauf wieder.

Dies wäre der natürliche Kreislauf, doch wir emittieren durch die Verwendung von Erdöl, Kohle, und Erdgas noch zusätzlich CO_2 an die Atmosphäre.

Durch den höheren Anteil von CO_2 in der Luft, tritt wieder durch die Photosynthese, wenn genügend Nährstoffe im Boden vorhanden sind, ein größerer Zuwachs an Pflanzenmasse ein. Durch die größeren Ernteerträge in der Landwirtschaft kann eine größere Menschheit ernährt werden.

So hat sich die Menschheit von vor der Industrialisierung von vielleicht 2 Milliarden Menschen in drei Jahrhunderten auf 8 Milliarden erhöht.

Es wäre nicht möglich gewesen, die jetzige Menschheit damals zu ernähren. Obwohl es viele Gebiete gibt, wo derzeit noch eine Hungersnot herrscht und viele Menschen umkommen, werden in anderen Gebieten, wo die Industrialisierung sehr hoch ist, enorme Mengen an Lebensmitteln weggeworfen. Durch die Verrottung kommt es wiederum zu einer Anreicherung von CO_2 in der Atmosphäre.

Wenn man diesen Kreislauf von CO_2 betrachtet, könnte man annehmen, es bestünde zwischen der erhöhten Emission von CO_2 und dem erhöhten Wachstum der Pflanzen ein Zusammenhang.

Es gibt aber noch viele Kohlenstoffverbindungen, welche für uns Menschen und unser Klima eine große Bedeutung haben.

Unsere Wälder, die Feldfrüchte und Wiesen brauchen für ihr Wachstum Kohlenstoff aus der Luft, welchen sie mittels Photosynthese mit dem Chlorophyll der grünen Pflanzenteile der Luft entnehmen.

Der Kohlenstoff gelangt durch unsere Atmung, den Verkehr, die Industrie, die Heizung unserer Wohnungen, die Gärung von Wein und Most und bei der Silage von Futtermitteln in die Atmosphäre. Eine riesige Menge an CO_2 und Feinstaub wird bei einem Vulkanausbruch in die Luft geschleudert.

Bei der Erzeugung von Branntkalk oder Zement entweicht neben dem Erhitzen und dem Brennen von Kalk auch CO_2 aus dem Gestein. Dabei wird eine nicht unerhebliche Menge von Kohlenstoffdioxid (CO_2) in die Atmosphäre abgegeben. Wird gebrannter Kalk oder Zement verbaut, so nimmt er wiederum CO_2 aus der Luft auf, und es entsteht wiederum das ursprüngliche Gestein. Wir sehen dies am Deutlichsten beim Aushärten von Beton, welcher nach ca. 4 Wochen abgeschlossen ist. Bei warmer Witterung muss der Beton feucht gehalten werden.

Das **spezifische Gewicht von CO₂** ist **1,977 kg/m³** und somit eines der schwersten Gase. **1 kg CO₂ ist in 1.242 m³ Luft** enthalten. Auf Grund des Gewichtes fällt es, auch wenn es über Fabrikschlote hoch in die Luft geblasen wird, nach einiger Zeit durch Abkühlung wiederum in die bodennahen Luftschichten. Dort wird es von den Pflanzen zum Aufbau genutzt: im Wald für Holz und auf den Wiesen und Feldern für Feldfrüchte, welche uns Menschen, Tieren und anderen Lebewesen als Nahrung zur Verfügung stehen.

Es wäre ein natürlicher Kreislauf, solange die Emission von CO_2 durch die Photosynthese ausgeglichen wird.

Durch die Luftbewegung erfolgt eine Verteilung von CO_2 aus den Ballungsräumen, Industrieanlagen und von stark frequentierten Verkehrswegen fast über die ganze Erde und auch über die Ozeane. Somit erfolgt eine Durchmischung aller Gase, welche in die Atmosphäre geblasen werden.

Bei Windstille trennen sich die Gase wiederum nach ihrem spezifischen Gewicht, sodass wir den Sauerstoff zum Atmen und die Pflanzen das CO_2 zum Aufbau organischer Substanzen in Bodennähe zur Verfügung haben. Die Bergsteiger wissen, dass es in großen Höhen Sauerstoffmangel geben kann.

Methan (CH_4)

Methan – CH₄ – ist ein geruchs- und farbloses, hochentzündliches Gas. Es ist sehr leicht, mit einem **spez. Gewicht von 0,717 kg/m³ reinem Gas. 1 kg Methan** ist in **7.748.334 m³ Luft enthalten.**

Es steigt daher in der Atmosphäre auf und kommt vermehrt in höheren Luftschichten vor. In der Atmosphäre wird es zu Kohlenstoffmonoxid (CO) und schließlich zu Kohlenstoffdioxid (CO_2) oxidiert. Methan zählt zu der Gruppe der kurzlebigen klimawirksamen Schadstoffe.

Methan entsteht, wenn eine Verwesung oder Zersetzung organischer Substanzen ohne Sauerstoff (Sauerstoffausschluss) erfolgt. Dies geschieht unter Wasser bei abgestorbenen Wasserpflanzen und toten Tieren.

Bei der Viehzucht, wenn das Gras in den Mägen von Wiederkäuern zersetzt wird und auch bei der Kompostierung von Biomüll (Blätter, Äste und Wurzeln) und der Essensreste in Mülldeponien, wenn zu wenig Sauerstoff dazukommt, kann Methan entstehen.

Auch im Moor, wenn die Moose und Wasserpflanzen unter Ausschluss von Sauerstoff absterben, werden diese als Torf konserviert, aber bei der Umwandlung entsteht Methan.

Die Nutzung fossiler Energieträger, Mülldeponien, die Verbrennung von Biomasse, Reisanbau und noch einige andere Vorgänge mehr, sind die Hauptverantwortlichen Emittenten von Methan.

Methan ist auch der Hauptbestandteil von Erdgas. Nach dem Verbrennen von Methan entsteht CO_2.

Etwa zwei Drittel aller Methanemissionen sind heute menschlichen Ursprungs, ohne jener Menge, welche aus dem Meer entweicht.

Trotzdem macht es einen substanziellen Teil des menschgemachten Treibhauseffektes aus, denn 1 Kilo Methan ist 25-mal wirksamer als 1 Kilo Kohlendioxid.

Dies stimmt nur, wenn man Kilo mit Kilo vergleicht. (In erdnahen Luftschichten kommt **CO_2** zu **CH_4** – Methan – im Verhältnis von **1.609** zu **2,6** vor).

Wie das Methan aus der Atmosphäre kommt, wird in einem anderen Artikel beschrieben.

Durch den Eintrag von organischen Substanzen ins Meer, welche dort verrotten und in die Tiefe, unter 600 m, absinken, entsteht durch die niederen Temperaturen (+4C°) das brennbare Methaneis.

Methaneis

Biogasanlagen

Biogasanlagen produzieren ebenfalls Methan, doch wird dies verbrannt und im Generator in Elektrizität umgewandelt. Ein Großteil der Energie (ca. 60 %) entsteht in Form von Wärme, wobei 30 % zur Erwärmung der Gärmasse genutzt wird und die restliche Wärme muss zur Heizung (Fernwärme) verwendet werden. Da Biogasanlagen wegen des Geruches nur in großem Abstand zu Wohngebieten errichtet werden dürfen, können Gärtner in deren Nähe Glashäuser errichten und die Abwärme nutzen. Es gibt für Biogasanlagen nur dann Förderungen, wenn die Abwärme genutzt wird. (Aus Wikipedia) Ab dem EEG 2012 wurde eine Wärmenutzungspflicht eingeführt, nach der Biogasanlagen mindestens 60 % der anfallenden Wärme nutzen müssen.

Während des Zweiten Weltkrieges gab es die sogenannten „Holz-
vergaser", welche in einem Behälter aus Holz ein Gas erzeugten
und damit konnte der LKW betrieben werden.

Nachteile von Biogas

Die Erzeugung von Biogas (Methan) kann zu einer ungewollten
Klimabelastung führen. Die oft weiten Transportwege der Biomasse (Mais, Grünfutter, biologischer Abfall, etc.) verursachen
durch die Transportfahrzeuge auch CO_2-Emissionen. Biogas ist
teurer als Erdgas.

Der elektrische Wirkungsgrad liegt bei 10 bis 30 Prozent, der
thermische Wirkungsgrad bei etwa 40 bis 50 Prozent.

Vergleich von Biogasrohstoffen

Ausgangsstoffe sind biogene Materialien wie die folgenden:

vergärbare, biomassehaltige Reststoffe wie Klärschlamm,
Bioabfall oder Speisereste, Wirtschaftsdünger (Gülle, Mist), bis-
her nicht genutzte Pflanzen sowie Pflanzenteile (beispielsweise
Zwischenfrüchte, Pflanzenreste und dergleichen).

Nach einer umfassenden Biogasaufbereitung könnte eine
Einspeisung in das Erdgasnetz erfolgen. Wegen des hohen, technischen Aufwands lohnt sich die Aufbereitung und Einspeisung
derzeit nur für überdurchschnittlich große Biogasanlagen.

Die Biogaserträge hängen sehr stark von den Ausgangs-
materialien und ihrer Zusammensetzung ab und haben einen
unterschiedlichen Methangehalt, wie die untenstehende Tabelle zeigt:

Methangehalt in Biogas - Material		
Angaben aus Wikipedia.de		
Material	Gasertrag in m³ je Tonne	Methangehalt
Maissilage	202	52%
Grassilage	172	54%
Roggen GPS - (Ganz- Pflanzen- Silage)	163	52%
Zuckerrübe Pressschnitzel siliert	125	52%
Futterrübe	111	51%
Bioabfall	100	61%
Hühnermist	80	60%
Schweinemist	60	60%
Rindermist	45	60%
Schweinegülle	28	60%
Rindergülle	25	65%

Tabelle Methangehalt

Nachfolgender Text hauptsächlich aus dem Internet
ChatGPT: Tabelle über Biogasausbeute der wichtigsten Materialien.
Methangehalt in Biogas-Material Wikipedia.xlsx Feb. 2021 –

Ein Großteil der Rohstoffe, insbesondere Wirtschaftsdünger und Pflanzenreste, fällt prinzipiell kostenlos in der Landwirtschaft an, daher stellt dieser Wirtschaftszweig das größte Potenzial für die Produktion von Biogas. Ganz andere Auswirkungen hat der Anbau von Energiepflanzen:

Welche Pflanzen eignen sich für Biogas?

Neben Mais haben sich vor allem Getreide-Ganzpflanzensilagen, Grünroggen und Hirse einen Platz unter den pflanzlichen Biogassubstraten erkämpft. Auch Zuckerrüben werden in den letzten Jahren vermehrt für die Biogasproduktion genutzt.

Wie wird aus Biogas Strom erzeugt?

In einem Blockheizkraftwerk (BHKW) wird mithilfe des Biogases Strom und Wärme erzeugt. Solch eine Anlage funktioniert über das Prinzip der sogenannten Kraft-Wärme-Kopplung (KWK): Ein Motor, der das Gas verbrennt, treibt einen Generator an, der Strom erzeugt. Dieser wird anschließend in das Stromnetz eingespeist

Blockbioheizkraftwerk

Wie effizient ist eine Biogasanlage?

Mehr als 40 % der untersuchten Anlagen erreichen einen Effizienzgrad von weniger als 70 %. Die schlechteste BGA weist einen Efficiency Score von 40 % auf, d. h. sie benötigt mehr als doppelt so viele Inputs, um dieselbe Menge an Biogas (und Wärme) zu erzeugen wie die effizientesten Anlagen.

Was sind die Nachteile einer Biogasanlage?

Ein Nachteil der Biogasanlagen ist, dass für diese immer mehr landwirtschaftliche Flächen weichen müssen. Das liegt daran, dass die Anlagen zur Energiegewinnung staatlich gefördert werden und vielen Landwirten daher attraktiver erscheinen als der klassische Anbau von Nahrungsmitteln.

Notkühler blasen oft ungenutzte Wärme in die Umgebung.

Die Biogaserzeugung ist primär auf die Produktion und den Verkauf von Strom ausgerichtet, jedoch wird aus dem Energieträger Biogas bei der Verbrennung zur Stromerzeugung in erheblichem Umfang auch Wärme erzeugt.

Die thermischen Wirkungsgrade der eingesetzten Motoren übersteigen in der Regel sogar die elektrischen Wirkungsgrade, das heißt es wird mehr Wärmeenergie bei der Verstromung des Biogases erzeugt als Strom.

Je nach Anlage wird bis zu 30 % der Wärme benötigt, um den mikrobiellen Prozess der Biogasgewinnung in den Fermentern (org. Pflanzenteilen) in Gang zu halten.

Zwar basieren die Erlöse aus einer Biogasanlage zum allergrößten Teil auf den hohen, **staatlich festgesetzten Einspeisevergütungen für Strom,** dennoch stellt Wärme ein wertvolles Nebenprodukt dar, welches es gewinnbringend zu nutzen gilt. Auch für Biogaserzeuger im Ökolandbau stehen starke, wirtschaftliche Anreize und betriebliche Vorteile beim Bau einer Biogasanlage im Vordergrund.

Darüber hinaus spielen aber häufig auch Umwelt- bzw. Klimaschutzgedanken sowie ideelle Gründe, zum Beispiel eine stärkere Energieautonomie, eine Rolle. Gerade unter diesen Gesichtspunkten sollte jede Biogasanlage über **ein umfassendes Wärmenutzungskonzept** verfügen. Hier haben nach Untersuchungen der Universität Kassel-Witzenhausen ökologisch wirtschaftende Biogaserzeuger die Nase vorn.

Der Sauerstoff

Der **Sauerstoff** ist mit ca. 20 % in der Atmosphäre enthalten, hat ein spezifisches Gewicht von **1,429 kg reinem Gas,** fast so schwer wie das CO_2. **1 kg Sauerstoff ist in 3,34 m³ Luft** enthalten.

Sauerstoff ist, neben dem Stickstoff, das zweithäufigste Element unserer Atmosphäre und ist für jedes Leben auf der Erde das bedeutendste Element.

Neben dem Kohlenstoff ist der Sauerstoff für alle Lebewesen (Menschen, Tiere, Pflanzen) **das wichtigste Element** auf unserem Planeten. Bei der Zellatmung wird Sauerstoff eingeatmet und dieser verbindet sich mit dem Kohlenstoff, welcher mit der Nahrung aufgenommen wurde, zu CO_2.

Bei den Pflanzen wird bei der Atmung CO_2-haltige Luft über die Spaltöffnungen aufgenommen. Dabei entsteht mittels Photosynthese aus dem Kohlenstoff Zucker (Glukose), welcher gelöst über den Stamm zu den Wurzeln (absteigender Saftstrom) gelangt. Die Wurzeln nehmen mit der Feuchtigkeit gelöste, mineralische Nährstoffe auf und im aufsteigenden Saftstrom werden diese in der Pflanze zum Wachstum verwendet. Der Kohlenstoff wird als Zellulose in den Zellen gespeichert und der Sauerstoff an die Atmosphäre abgegeben.

Alle Lebewesen, zu denen auch wir Menschen gehören, nehmen den Sauerstoff mit der Atemluft auf. In der Lunge erfolgt eine Verbindung mit dem Kohlenstoff, welchen wir mit der Nahrung aufgenommen haben. Dieser Austausch erfolgt in den Lungen und im Blut, wo der eingeatmete Sauerstoff sich mit dem Kohlenstoff der Nahrung verbindet und als CO_2-reichere Luft abgegeben (ausgeatmet) wird.

Sauerstoff kommt rein in der Natur nicht vor, aber gilt als das aggressivste Element und will mit fast allen anderen Elementen eine Verbindung eingehen.

Beispiele, die man aus dem Alltag kennt, sind das Rosten von Eisen, das Verspröden von Gummi oder das Ranzigwerden von Ölen. Es gibt kaum Lebewesen auf der Erde, die dauerhaft ohne Sauerstoff auskommen können. Die häufigste Art einer solchen Verbindung mit dem Kohlenstoff sind die Verbrennung und die Fäulnis.

Ein Problem kann durch den Sauerstoff entstehen, wenn in großen, unbesiedelten Gebieten durch die Vegetation und durch die Photosynthese viel Sauerstoff freigesetzt wird und sich dieser nicht mit anderen Elementen verbinden kann. Sauerstoff ist sehr aggressiv und will sich, z. B. mit Eisen zu Rost, mit Kupfer zu Grünspan, mit Wasserstoff zu Wasser und am einfachsten mit Kohlenstoff durch Feuer und bei der Atmung aller Lebewesen, wie schon vorher beschrieben, zu CO_2 verbinden.

Es genügt oft schon ein Funke und brennbares Material, damit sich der Sauerstoff der Luft mit dem Kohlenstoff durch Feuer verbinden kann.

Einen interessanten Artikel habe ich im Internet über den Sauerstoff gefunden.

I Ich finde es wert, diesen Artikel in Verbindung zu bringen.

Astronomie/Physik • Technik/Digitales Stefan Maier © wissenschaft.de

„Flüssiger Sauerstoff wird bei hohem Druck ein Metall"

Flüssiger Sauerstoff wird in seinen elektrischen Eigenschaften zu einem Metall, wenn er auf **4800 Grad Celsius erhitzt** und einem **Druck von etwa einem Megabar** ausgesetzt wird. Dies berichten Forscher des Lawrence Livermore National Laboratory in der aktuellen Ausgabe des Fachblattes Physical Review Letters. Damit ist es zum ersten Mal gelungen, eine nichtleitende Flüssigkeit in ein Metall zu verwandeln.

Das Team um Marina Bastea hat flüssigen Sauerstoff mit einem Projektil beschossen und damit Schockwellen in der Flüssigkeit erzeugt. Diese bewirken für einige hundert Nanosekunden extrem hohe Drucke und Temperaturen, **die den Sauerstoff metallisch werden lassen**. Der Phasenübergang zeigt sich in einem sprunghaften Anstieg der elektrischen Leitfähigkeit um sechs Größenordnungen.

Die beteiligten Forscher hoffen, dass diese erste Umwandlung einer unter Normalbedingungen nichtleitenden Flüssigkeit in ein Metall die Erforschung von Flüssigkeiten unter Extrembedingungen beflügeln wird.

Auch Astronomen werden sich diese Entdeckung genau ansehen. Herrschen doch im Innern der Riesenplaneten Jupiter und Saturn, die zu einem Großteil aus Sauerstoff bestehen, vergleichbare Temperaturen und Drucke. Ein metallischer Sauerstoff in ihrem Innern könnte die großen Magnetfelder dieser beiden Planeten erklären.

Derzeit beträgt der Anteil von Sauerstoff in der bodennahen Luft ca. 20 %. Wenn sich das Verhältnis von Sauerstoff 20 % zu Stickstoff 78 % verändert, kann sich dies folgenschwer auf unser Klima auswirken.

Im erdgeschichtlichen Zeitalter der Karbonzeit betrug der Sauerstoffanteil über 30 %. Es folgte dann die ‚Große Sauerstoffkatastrophe‘, wobei Millionen von Pflanzen und Tierarten verschwunden sind. Da der Kohlenstoff in den Pflanzen und im Boden gebunden war, brach die Vegetation zusammen. Durch den Sauerstoff-Überschuss, so steht es geschrieben, kam es zu verheerenden Bränden und den darauffolgenden Eiszeiten. (Mehr darüber zu erfahren im nachfolgenden Artikel und im Internet unter ‚Die große Sauerstoffkatastrophe‘).

Große Sauerstoffkatastrophe

Als sich die Atmosphäre der Erde vor 2,3 Milliarden Jahren mit Sauerstoff anzureichern begann, starben weit mehr Lebewesen als bisher angenommen. Die sauerstoffreiche Atmosphäre war für viele der existierenden anaeroben Lebewesen giftig.

Dass das Leben auf der Erde nicht immer dem heutigen glich, ist wohl bekannt. Aber damit es sich verändern konnte, spielten winzige Organismen, wie Bakterien, eine große Rolle, wie Forscher der Universitäten **Zürich** und **Göteborg** herausfanden.

So unterschied sich vor über zwei Milliarden Jahren die Zusammensetzung der Atmosphäre noch stark von der heutigen. Der Sauerstoffgehalt war deutlich geringer. Die existierenden Organismen waren auf die damalige Zusammensetzung angepasst. Doch dann begann der Sauerstoffanteil in der Atmosphäre zu steigen – die Folge war ein Massensterben der damaligen Arten.

Eine kürzlich im Proceedings of the National Academy of Sciences of the United States of America veröffentlichte **Studie** ist zu dem Ergebnis gekommen, dass sogar 80 bis 99,5 Prozent des damalig existierenden Lebens auf der Erde durch die große Sauerstoffkatastrophe ausgestorben sein könnte. Die Autoren erklärten laut CNN, dass dies ein größeres Massensterben gewesen sein könnte als das der Dinosaurier vor etwa 65 Millionen Jahren.

Einige Organismen, sogenannte Cyanobakterien, betrieben Photosynthese und stießen in diesem Prozess Sauerstoff aus. Diese Organismen entwickelten sich, **laut einer Untersuchung** der Universität Zürich von 2013, vor 2,3 Milliarden Jahren zu vielzelligen Organismen. Zur gleichen Zeit stieg der Ausstoß von freiem Sauerstoff stark an.

Die Menge durch die Photosynthese freigesetzten ungebundenen Sauerstoffs brachte die damalige Erdatmosphäre zum Kippen. Die Folge des Anstiegs war ein Massensterben der damaligen Lebewesen.

Denn Sauerstoff war für viele der Organismen, die auf der Erde lebten, giftig. Dafür besiedelten die mehrzelligen Cyanobakterien nun immer mehr Lebensräume: Sie waren ‚in der Lage, die Umwelt grundlegend und in kaum vorstellbarem Maß zu beeinflussen‘, erklärte Bettina Schirrmeister, die sich in ihrer Doktorarbeit an der Universität Zürich mit dem Thema befasste.

Folgen der Großen Sauerstoffkatastrophe

Der steigende Sauerstoffgehalt in den Ozeanen hat möglicherweise einen großen Teil der obligat anaeroben Organismen ausgelöscht, die zu dieser Zeit die Erde bevölkerten.[9] Der Sauerstoff war für obligat anaerobe Organismen tödlich und für das wahrscheinlich größte Massenaussterben wesentlich verantwortlich. Bei nicht an O_2 angepassten Lebewesen bilden sich im Zuge ihres Stoffwechsels Peroxide, die sehr reaktiv sind und lebenswichtige Bestandteile der Lebewesen beschädigen. Vermutlich entwickelten Lebewesen während der Zeit, als zwar O_2 gebildet, aber stets in Oxidationen verbraucht wurde, Enzyme (Peroxidasen), welche die sich bildenden Peroxide zerstören, so dass die Giftwirkung des O_2 ausgeschaltet wurde.

Der Umwelteinfluss der Großen Sauerstoffkatastrophe war global. Die Anreicherung von Sauerstoff in der Atmosphäre hatte drei weitere schwerwiegende Konsequenzen:

1. Atmosphärisches Methan (ein starkes Treibhausgas) wurde zu Kohlenstoffdioxid (einem schwächeren Treibhausgas) und Wasser oxidiert, was die Huronische Eiszeit auslöste. Letztere könnte eine vollständige und, sofern überhaupt, die längste Schneeball-Erde-Episode in der Erdgeschichte gewesen sein, die von ca. −2,4 bis −2,0 Milliarden Jahre andauerte.[5][10]
2. Freier Sauerstoff führte zu enormen Änderungen der chemischen Interaktion zwischen Feststoffen der Erde auf der einen Seite und der Erdatmosphäre, den Weltmeeren und anderen Oberflächengewässern auf der anderen Seite. So vergrößerte sich die Vielfalt der auf der Erde vorkommenden Mineralien stark. Es wird geschätzt, dass das GOE alleine für mehr als

2500 der insgesamt etwa 4500 Mineralien verantwortlich ist. Der Großteil dieser Mineralien waren Aquakomplexe oder oxidierte Formen der Mineralien, die sich aufgrund dynamischer Erdmantel- und Erdkrustenprozesse nach dem GOE bildeten.[11]

3. Der erhöhte Sauerstoffgehalt öffnete der Evolution der Lebewesen neue Wege. Trotz des natürlichen Recyclings organischer Stoffe sind anaerobe Lebewesen energetisch limitiert. Die Verfügbarkeit freien Sauerstoffs in der Atmosphäre war ein Durchbruch der Evolution des Energiestoffwechsels, sie erhöhte das Angebot thermodynamisch freier Energie für Lebewesen sehr stark. Denn bei einer großen Anzahl von Stoffen setzt die Oxidation mit O_2 wesentlich mehr nutzbare Energie frei als ein Stoffumsatz ohne Oxidation mit O_2."

Literatur [Bearbeiten | Quelltext bearbeiten]

Timothy W. Lyons, Christopher T. Reinhard, Noah J. Planavsky: *The rise of oxygen in Earth's early ocean and atmosphere.* Nature 506, 2014, doi:10.1038/nature13068 (online).

GOE und Eisen als wichtiger Rohstoff für Leben: Iron integral to the development of life on Earth – and the possibility of life on other planets, auf Eurek Alert! vom 6. Dezember 2021 Carly Cassella: This Element Could Have Been Crucial to The Evolution of Complex Life on Earth. Auf science[alert] vom 7. Dezember 2021

Haitao Shang, Daniel H. Rothman, Gregory P. Fournier: Oxidative metabolisms catalyzed Earth's oxygenation. In: Nature Communications, Band 13, Nr. 1328, 14. März 2022; doi:10.1038/s41467-022-28996-0. Dazu: Carly Cassella: New Theory Suggests Sneaky Way Ocean Microbes And Minerals May Have Oxygenated Earth. Auf science[alert] vom 20. März 2022

Astronomie/Physik • Technik/Digitales

Verena Schneider

Wasserstoff

Der Wasserstoff: ist eines der leichtesten Gase, hat ein spezifisches Gewicht von **0,08988 kg pro m³ reines Gas**. In der Atmosphäre kommt es mit 550 ppb (milliardstel Teil) meist in den höheren Luftschichten vor. **1 kg Wasserstoff ist in 202.289.921,92 m³ Luft enthalten**.

https://www.tuev-nord.de/explore/de/erklaert/welche-farbe-hat-wasserstoff/Artkel Stammt von Verena Schneider

Bei der **Elektrolyse** wird Wasser (Süßwasser, kein Meerwasser) in Wasserstoff und Sauerstoff zerlegt. Nach der Art des dazu benötigten Stromes wird der Wasserstoff mit einer Farbe bezeichnet.

„Wasserstoff ist ein farbloses Gas und wird mit Strom durch die Elektrolyse, hauptsächlich aus Wasser, aber auch aus anderen Verbindungen wie Methan oder Kohle gewonnen.

Nach der Art der Produktion wird Wasserstoff mit Farben bezeichnet:

- *Grüner* **Wasserstoff**
- *Grauer* **Wasserstoff**
- *Blauer* **Wasserstoff**
- *Türkiser* **Wasserstoff**
- *Roter- beziehungsweise violetter* **Wasserstoff**
- *Schwarzer* **Wasserstoff**
- *Brauner* **Wasserstoff**

<u>Wasserstoff</u> gilt als Wundermittel der Energiewende. Allerdings ist Wasserstoff nicht gleich Wasserstoff – zumindest für das Weltklima. Je nachdem, wie er hergestellt wird, verursacht er verschiedene Mengen an CO_2-Emissionen. Um hier besser zu klassifizieren, wird er in Farbkategorien eingeteilt.

Man unterscheidet ‚grauen‘, ‚blauen ‘, ‚grünen‘ und ‚türkisen‘ Wasserstoff.

<u>Verena Schneider</u> TÜV-NORD-Expertin erklärt, was etwa grünen von blauem Wasserstoff unterscheidet und welche Sicherheitsfragen beim Einsatz des flüchtigen Gases beantwortet werden wollen.

Was ist „grauer" Wasserstoff?

Grauer Wasserstoff *dominiert zurzeit den Markt. Gewonnen wird er* **aus fossilen Brennstoffen,** *vorrangig* **aus Erdgas** *und* **Kohle.** *Erdgas wird in der sogenannten Dampfreformierung unter Hitze in Wasserstoff und Kohlendioxid umgewandelt. Das* **CO_2 entweicht** *dabei ungenutzt in die Atmosphäre und* **verstärkt** *somit den* **Treibhauseffekt.** *Bei der Produktion* **einer Tonne Wasserstoff** *entstehen je nach Quelle und Strommix rund* **zehn Tonnen CO_2** *– eine beträchtliche Menge.*

Was versteht man unter „grünem" Wasserstoff?

*Grüner Wasserstoff wird mit regenerativen Energien **aus Wasser** im **Elektrolyseverfahren** erzeugt. Das Wassermolekül wird dabei in die beiden Elemente Sauerstoff und Wasserstoff aufgespalten. Wird ausschließlich **Strom aus erneuerbaren Quellen** verwendet, gilt der Wasserstoff als **CO_2-frei** – auch wenn die Produktion beispielsweise einer Windenergieanlage natürlich nicht völlig klimaneutral ist.*

Was ist „blauer" Wasserstoff?

***Blauer Wasserstoff** ist eigentlich **grauer** Wasserstoff, wird also durch **fossile Brennstoffe** erzeugt. Der **entscheidende Unterschied ist: Das anfallende CO_2 wird abgeschieden,** aufgefangen und in geeignete geologische Formationen **tief unter der Erde verpresst**. Es entweicht also nicht in die Atmosphäre.*

*Im Englischen spricht man von **C**arbon **C**apture and **S**torage, kurz **CCS**. In der Bilanz gilt **blauer Wasserstoff als CO_2-neutral.** Mögliche Lagerstätten sind beispielsweise ehemalige Öl- oder Gaslagerstätten und Salzwasser führende Gesteinsschichten.*

In Deutschland wird das Verfahren bislang nur in Pilot- und Testprojekten genutzt. In Österreich ist es noch verboten. Norwegen hat Ende 2020 angekündigt, __1,5 Milliarden Euro__ in den Aufbau eines großen CCS-Speichers zu investieren.

Was steckt hinter „türkisem" Wasserstoff?

Türkiser Wasserstoff** ist Wasserstoff, der über die **thermische Spaltung** von **Methan hergestellt** wurde – die sogenannte Methanpyrolyse. **Anstelle von CO_2 entsteht dabei fester Kohlenstoff.** Dieses **Verfahren ist CO_2-neutral,** wenn der Hochtemperaturreaktor **mit erneuerbaren Energiequellen** betrieben wird. Natürlich muss **der anfallende Kohlenstoff dauerhaft gebun-

den werden. Ein Vorteil dieses Verfahrens ist: Kohlenstoff lässt sich leichter lagern als CO_2 und könnte beispielsweise in der Chemie- und Elektronikindustrie oder im Straßenbau verwendet werden. Im Vergleich zur Herstellung von grünem Wasserstoff mittels Elektrolyse soll die Methanpyrolyse nur ein **Fünftel** der Energie benötigen. Bislang wurde das Verfahren allerdings nur im Labormaßstab erprobt. BASF hat mit Fördermitteln des Bundesforschungsministeriums in Ludwigshafen nun eine Testanlage gebaut, die nach abgeschlossener Prüfung in den kommenden Monaten in Betrieb gehen soll.

Politisch steht vor allem der grüne Wasserstoff im Mittelpunkt des Interesses.

Umweltverbände problematisieren, dass bereits die Förderung, die Verarbeitung und der Transport von Wasserstoff mit hohen Treibhausgasemissionen verbunden sind.

Auch ‚blauer' Wasserstoff wäre also nie klimaneutral.

Die CO_2-Emissionen bei der Förderung und Verarbeitung von Erdgas lassen sich weiter reduzieren – aber tatsächlich nicht völlig verhindern. Insofern wäre blauer Wasserstoff nicht komplett klimaneutral. **Wir werden ihn aber als Übergangstechnologie benötigen.** Denn bislang verfügen wir hierzulande noch nicht über genügend erneuerbare Energien, um grünen Wasserstoff für alle Bedarfe zu produzieren. Das ist auch einer der Gründe, warum die Bundesregierung in Deutschland grünen Wasserstoff **künftig im Ausland produzieren und nach Deutschland importieren will.**

Müssen je nach Farbe des Wasserstoffs unterschiedliche Sicherheitsaspekte berücksichtigt werden?

Ein zentraler Aspekt ist der sichere Transport des Wasserstoffs. Um die bisherige Infrastruktur weiterhin zu nutzen, wird hier die Umwidmung von Erdgasleitungen diskutiert. Bislang dürfen rund zehn Prozent Wasserstoff zum Erdgas beigemischt werden. **Hier muss geprüft werden, ob wir die bestehenden Pipelines auch problemlos mit deutlich höheren Beimischungsquoten oder sogar mit**

reinem Wasserstoff betreiben können, oder inwiefern tech-
nische Anpassungen oder neue Pipelines erforderlich sind.

Auch produktionsseitig sind noch einige Fragen zu klären: Grüner Wasserstoff wird bislang in kleinen ‚Elektrolyseuren' im niedrigen Megawattbereich hergestellt. Im Zuge des Markthochlaufs, den die Bundesregierung durch ihre Wasserstoffstrategie anschieben will, sind große Anlagen mit Leistungen von über hundert Megawatt geplant. Diese neuen Energieinfrastruktursysteme müssen wir sicher machen! Bestenfalls werden dazu die Entwicklung und Herstellung dieser Elektrolyseure durch unabhängige Dritte wie TÜV NORD begleitet. Aber auch auf anderen Ebenen müssen wir das Vertrauen in den neuen Energieträger stärken.

Chemisch gesehen unterscheidet sich grüner Wasserstoff nicht von grauem Wasserstoff aus Erdgas, ist aber eben umweltfreundlich und zugleich erheblich teurer. Sinnvoll wäre es daher, Herkunftsnachweise zu etablieren. Abnehmer in der Industrie und im Verkehrssektor könnten sich so darauf verlassen, dass sie mit garantiert hundertprozentig grünem Wasserstoff beliefert werden.

Schwarzer Wasserstoff *ist Wasserstoff, der unter Einsatz von* ***Steinkohle*** *erzeugt wird, in der Regel durch die Vergasungsmethode. Ähnlich wie schwarzer Wasserstoff wird* ***brauner Wasserstoff*** *aus* ***Braunkohle*** *hergestellt und daher als* ***braun*** *bezeichnet.*

Bei ***rotem-*** *beziehungsweise* ***violettem Wasserstoff*** *stammt der zur Herstellung benötigte Strom aus* ***Atomkraft****, also einer fossilen Energiequelle. (für mich nicht schlüssig, weshalb Atomstrom von einer fossilen Energiequelle stammen soll)*

Was ist das Gefährliche am Wasserstoff?

Reiner Wasserstoff kann nicht brennen. Wird in die Luft unter atmosphärischem Druck circa 4 % Wasserstoff eingemischt, dann lässt sich dieses Gemisch mit einer Zündquelle entzünden. Explosionsgefahr herrscht hier jedoch noch nicht. Diese ist erst ab einer ***Wasserstoffkonzentration von 18 % und mehr*** *gegeben. Man* ***spricht dann vom Knallgas****.*

Wasserstoff ist das leichteste Gas und wird zur Befüllung von Ballons verwendet.

*Wasserstoff ist leicht entzündbar und wurde durch ein ähnlich leichtes Gas, das **Helium** (Spez. Gewicht 0,17800 kg je m³ – 1 kg Helium ist in 1.072.133 m³ Luft enthalten) ersetzt."*

Auszugsweise aus Chat-GPT

„Das Luftschiff Zeppelin, ein riesiger, mit Wasserstoffgas befüllter Ballon, welcher so groß war, dass ca. 70 Personen in 60 bis 70 Stunden von Deutschland nach New York fliegen konnten.

Es wurde von dem deutschen Ingenieur Ludwig Dürr entworfen und von der Zeppelin Company gebaut. Die Hindenburg war benannt nach dem deutschen Generalfeldmarschall Paul von Hindenburg, der während des Ersten Weltkriegs eine wichtige Rolle spielte.

Der LZ 129 ‚Hindenburg' verunglückte am 6. Mai 1937 während einer Linienfahrt im Rahmen des Nordamerika-Programms der ‚Deutschen Zeppelin Reederei'-DZR von Frankfurt am Main nach Lakehurst (New Jersey). Bei der Landung auf dem dortigen Luftschiffhafengelände entzündete sich plötzlich der Wasserstoff im hinteren Teil der Hindenburg. Innerhalb von Sekunden breitete sich das Feuer aus, und das Luftschiff stürzte in Flammen ab. Dabei kamen 13 Passagiere und 22 Besatzungsmitglieder ums Leben. Eine Person am Boden, ein Mitglied der Bodencrew starb ebenfalls .

Dies war das Ende der Luftschifffahrt mit Wasserstoff befüllten Ballons.

Wasserstoff verflüssigt sich unter hohem Druck bei minus 253 °C. Die Kompressoren zur Erzeugung des hohen Druckes und der Elektrolyse benötigen sehr viel Strom."

Der Sohn von einem Bekannten ist an einer Firma beteiligt, welche in Patagonien, im Süden von Chile, einen Windpark mit einigen tausend Windrädern anlegen wollen. Diese Gegend ist fast nicht besiedelt, es gibt dort großteils Schafweiden. Weltweit sind dort die besten Windbedingungen für Windräder.

Aus dem Gletscherwasser von den Anden oder dem entsalzten Meerwasser produzieren sie dann Wasserstoff, welchen sie aber mit Stickstoff zu Ammoniak (NH_3) verbinden. Ammoniak verflüssigt sich bei einem geringeren Druck und schon ab einer Temperatur von weniger als -33 °C. Ammoniak – NH_3 wird hauptsächlich zur Erzeugung von Düngemittel verwendet. Ob man den Wasserstoff in Europa wieder vom Stickstoff trennen kann, habe ich nirgends einen Beitrag gefunden.

Wasserstoff wird jetzt fast als Wundermittel zur Erzeugung von Energie angesehen. Dabei ist aber nur der grüne Wasserstoff klimaneutral.

Wer garantiert uns, dass der Wasserstoff mit erneuerbarer Energie produziert wird? In den Golfstaaten werden jetzt viele Windräder oder Fotovoltaik-Anlagen gebaut, um über Elektrolyse aus Wasser den Wasserstoff zu bekommen, welchen diese dann an uns verkaufen. Es ist aber anzunehmen, dass dort der Wasserstoff viel billiger aus Erdgas gewonnen werden kann. Uns würde dann grauer Wasserstoff geliefert werden.

Stickstoff

Natürliches Vorkommen und Kreislauf des Stickstoffs

Stickstoff ist mit ca. 78 % jenes Gas, welches in der Atmosphäre am häufigsten vorkommt. Es ist mit einem **spezifischen Gewicht von 1,251 kg/m³ reinen Gases**, etwas leichter als Sauerstoff.

1 kg Stickstoff ist in 1,02 m³ Luft in Bodennähe enthalten. (zum Vergleich: 1 m³ Luft wiegt, je nach Temperatur 1,20 kg bis 1,30 kg)

Es ist fast als neutrales Gas anzusehen, weil es bei der Atmung mit dem Sauerstoff eingeatmet wird und sich im Körper, beim gesunden Menschen, nicht bemerkbar macht.

Stickstoff ist für die Pflanzenwelt enorm wichtig. Hier kommt den **Stickstoff-Verbindungen** eine große Bedeutung zu. Die wichtigsten sind **Ammonium-NH4, Ammoniak-NH3, Nitrit-NH2** und **Nitrat-NO3**.

Diese Stickstoff-Verbindungen werden im Boden von Bakterien und teilweise von Pilzen aufbereitet, damit sie von den Pflanzen aufgenommen werden können. Manche Pflanzen haben mit Bakterien eine Symbiose, welche die Bildung von Eiweiß in den Pflanzen und deren Früchten ermöglichen.

Ohne pflanzliches Eiweiß gibt es auch kein tierisches Eiweiß wie Fleisch, Eier u. A. m.

Weiters kommen Stickstoff-Verbindungen in verschiedenen Salzen, wie **Salpeter-KNO$_3$** (Kalisalpeter) und **Harnstoff-Ch$_4$-N$_2$O**, welche als Stickstoffdünger in der Landwirtschaft verwendet werden, vor.

Stickstoffkreislauf

Schon im 19. Jahrhundert erkannte man, dass ein großer Teil der pflanzlichen Materie Stickstoff enthält und er ein wichtiges Bauelement aller Lebewesen ist. Er ist das wesentlichste Element der **Proteine und Proteide (Eiweiße)**. Stickstoff ist daher auch Baustein aller Enzyme, die den pflanzlichen, tierischen und menschlichen Stoffwechsel steuern. Stickstoff ist für das Leben auf der Erde unentbehrlich.

Knöllchenbakterien oder Rhizobien sind häufige und verbreitete Bodenbakterien. Ihre besondere Bedeutung liegt in ihrer Fähigkeit, mit Pflanzen aus der Familie der Hülsenfrüchtler (Fabaceae) eine Symbiose einzugehen. Die Lebensgemeinschaft ist sehr eng und führt zu umfassenden Veränderungen, bei den Pflanzen zur Ausbildung spezieller Organe.

Rhizobien besitzen die Fähigkeit, elementaren, molekularen Stickstoff (N_2) zu binden, indem sie ihn zu Ammoniak (NH_3) bzw. Ammonium (NH_4^+) reduzieren und damit biologisch verfügbar machen. Dies ist ihnen jedoch nur in der Symbiose mit Pflanzen möglich.

Unter natürlichen Bedingungen können weder Leguminosen noch Rhizobien allein molekularen Stickstoff fixieren. Diese Symbiose ist für Pflanzen sowohl von biologischer als auch wirtschaftlicher Bedeutung.

Knöllchen an der Wurzel einer Soja-Pflanze: In diesen Knubbeln sitzen die stickstofffixierenden Knöllchenbakterien (Rhizobien)."

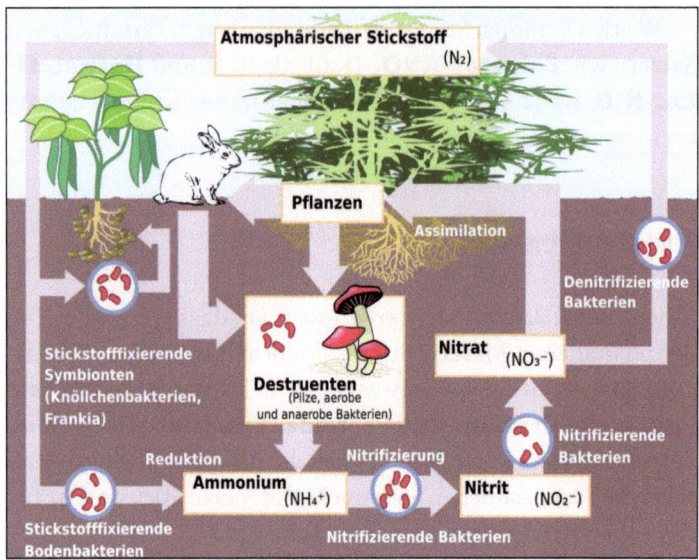

Stickstoffkreislauf

Knöllchenbakterien

(Aus Wikipedia): „**Knöllchenbakterien**: Diese Bakterien dringen in die Wurzeln der sogenannten Leguminosen ein. Sie ernähren sich von den Assimilaten „Glucose" der Pflanze. Im Tausch dafür liefern sie der Wirtspflanze Ammonium. Dieses wurde durch ein spezielles Enzym, aus dem Luftstickstoff reduziert.

Diese Lebensgemeinschaft ist eine Symbiose. Sie ermöglicht den Leguminosen die Besiedelung auch schlechter Standorte, weshalb der Mensch diese Pflanzen insbesondere im ökologischen Landbau zur Anreicherung des Bodens mit Stickstoff nutzt. Hier stellen Leguminosen die Hauptstickstoffquelle dar.

Diese Knöllchenbakterien befinden sich in Verdickungen der Wurzeln (Knöllchen) und speichern dort und in der ganzen Wurzelmasse den Stickstoff. Wenn die Pflanzen absterben, wird der darin gespeicherte Stickstoff für die Folgefrucht verwertbar.

Es gibt auch Pflanzen, welche auf Standorten vorkommen, wo keine oder wenig Nährstoffe vorhanden sind. Bei uns kenne ich nur den Sonnentau, welcher in einem Moor zu finden ist.

Fleischfressende Pflanzen wachsen an nährstoffarmen Stellen – zum Beispiel in Mooren und Sümpfen oder an Gewässern. Sie benötigen also die Tiere, weil sie in der Erde nicht so viele Nährstoffe finden. Sie verdauen die Insekten, um aus dem Eiweiß der Tiere zu dem benötigten Stickstoff zu kommen.

Sonnentau

Auf Borneo haben wir fleischfressende Kannenpflanzen an den Stämmen der Bäume gesehen. Manche sind so groß, dass sie auch Eichhörnchen fangen können. Kannenpflanzen haben in ihren Kannen Wasser gespeichert, womit sie Insekten und kleine Tier anlocken. Wenn diese einmal mit dem Inhalt in Berührung kommen, gibt es kein Entrinnen mehr.

Bei uns findet man in Mooren den Sonnentau, welcher auch durch scheinbare Wasser Tröpfchen Insekten anlockt. Die Pflanzen decken mit dem tierischen Eiweiß ihren Stickstoffbedarf.

In niederschlagsreichen Gebieten können bei Gewittern jährlich 20–25 kg N^2 pro ha durch Regen dem Boden zugeführt werden.

Das geschieht bei elektrischen Entladungen (Blitze), wenn sich Sauerstoff und Stickstoff zu Stickstoffoxiden verbinden. Letztendlich reagieren diese Oxide mit dem Regenwasser zu Salpetersäure und im Boden können Nitrate entstehen, welche von den Pflanzen direkt aufgenommen werden können."

Stickstoff als Dünger

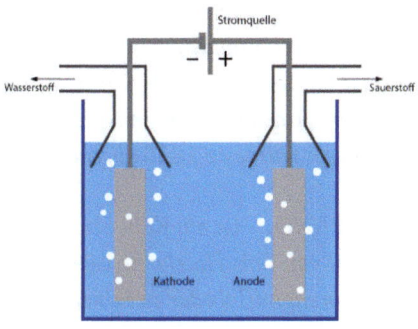

Elektrolyse

Abbildung 1: Prinzipieller Aufbau für die Wasser-Elektrolyse. An den Elektroden entsteht Wasserstoff.

(Aus Wikipedia) „Das Verfahren, bei dem Wasserstoff und Stickstoff zu Ammoniak – NH_3 (nicht Ammonium – NH_4) verschmolzen werden, nennt man **Haber-Bosch-Verfahren**. Dieses Verfahren ist ein industrielles chemisches Verfahren zur Herstellung von Ammoniak aus den Elementen Stickstoff (N_2) und Wasserstoff (H_2) unter hohem Druck und bei hohen Temperaturen mit Hilfe eines Katalysators.

*Die Chemiker **Fritz Haber** und **Carl Bosch** haben zu Anfang des 20. Jahrhunderts ein Verfahren entwickelt, mit dem aus Luftstickstoff und Wasserstoff mittels elektrischen Stromes Ammoniak hergestellt werden kann und dieser an Kalk gebunden wird, welcher landläufig als Kunstdünger bezeichnet wird.*

Dies hat zur wesentlichen Ertragssteigerung landwirtschaftlicher Produktionen beigetragen. Die Ernährungssicherung konnte damit wesentlich verbessert werden.

Die Pflanze baut aus dem aufgenommenen Ammoniak pflanzliches Eiweiß auf, das Mensch und Tier als Nahrung und zum Aufbau des eigenen Körpereiweißes dient. Im menschlichen und tierischen Organismus wird das Eiweiß zum großen Teil wieder abgebaut und mit dem Kot und Harn ausgeschieden. Zum heutigen Zeitpunkt wurde im Schnitt bereits jedes dritte Stickstoffatom in der Biosphäre einmal von der Düngemittelindustrie verarbeitet.

Chilesalpeter oder **Natriumsalpeter** – $NaNO3$, (benannt nach dem Staat Chile) ist ein anorganischer Stickstoffdünger mit 16% Stickstoff, wo es in der Atacamawüste in Nordchile ein natürliches Vorkommen gibt. Dieser wurde ab 1830 abgebaut und nach Europa exportiert.

Kalisalpeter – $2KNO_3$ – ist ein Kali- Stickstoffdünger und ist der Hauptbestandteil von (mit Holzkohle vermischt) Schwarzpulver. Dieses wird als Sprengmittel oder zu Schießpulver für Patronen verwendet.

Von wirtschaftlicher Bedeutung waren die Vorkommen in China und Südostasien, wo in der ersten Hälfte des 19. Jahrhunderts durch Auslaugen solcher Böden mehr als 10.000 t Salpeter jährlich gewonnen wurden.

Durch einen hohen Eintrag von Nährstoffen ist eine vermehrte Algenbildung in ruhigen Gewässern und Verunkrautung in Bächen und Flüssen zu beobachten, welches man **Eutrophierung** nennt.

Der Abbau von Dünger, Biomasse und Schmutzfrachten erfordert viel Sauerstoff, welcher letztlich die Wassergüte beeinträchtigt.

In der Ackerkrume liegen meist mehr als 95 % des Gesamtstickstoffs als organisch gebundener Stickstoff in lebender Wurzelmasse, abgestorbener Pflanzenmasse, Humusstoffen und Bodenlebewesen vor. Der Rest von weniger als 5 % ist anorganischer Stickstoff in Form von Ammonium oder Nitrat und in sehr geringer Menge in Form von Nitrit vorhanden. Der Gesamtstickstoffgehalt der Böden ist stark von deren Kohlenstoffgehalt abhängig.

Bei der Photosynthese wird auch Stickstoff in die Pflanzen eingebaut, um unter anderem Eiweiße herzustellen und das Wachstum zu fördern.

Die Farbe der Blätter und Nadeln der Pflanzen zeigen einen Mangel oder Überschuss von Stickstoff an.

Mangelsymptome

*   kümmerlicher Wuchs
*   blassgrüne Farbe der Blätter. Ältere werden chlorotisch und fallen vorzeitig ab.
*   zu frühes Blühen (Notblüte)
*   Vergilbungen

Überschusssymptome

*   Mastiger Wuchs
*   Blätter dunkelgrün
*   Blüte verzögert
*   Pflanze frost- und krankheitsanfällig
*   Blattgewebe wirkt schwammig und weich"

Stickstoff vom Verkehr

AdBlue-Wikipedia 09. 10. 2024
Wikipedia HTTps://de.wikipwdia.org>wiki>AdBlue
„Autoabgase": Durch die Verbrennung fossiler Energieträger (Benzin, Diesel) werden durch den Autoverkehr Stickstoffverbindungen freigesetzt. Bei dem Verbrennungsvorgang entstehen Stickoxide (NO_x, vor allem Stickstoffdioxid NO_2, aber auch Stickstoffmonoxid NO und andere NO_x-Verbindungen).

Heutzutage besitzen Autos Katalysatoren, welche diese Verbindungen reduzieren.

AdBlue, eine flüssige Harnstofflösung, wird bei Fahrzeugen mit SCR-Systemen zur Reduzierung der Stickoxidemissionen vor einem speziellen Katalysator eingespritzt. Dort reagiert sie mit den

Schadstoffen und wandelt sich fast vollständig in Wasserdampf und ungefährlichen Stickstoff um.

Verwendung von Stickstoff

(Aus Wikipedia)
Stickstoff wird zur **Füllung von Flugzeugreifen** *großer Flugzeuge verwendet. Das Vermeiden von Sauerstoff (etwa zu 21 % in Luft enthalten) bei etwa 10 bar Druck verhindert, dass Flugzeugreifen unter der großen Hitzeentwicklung (durch Reibung und Walken) bei Landung oder beim Startlauf von innen in Brand geraten können. Ein kleiner günstiger Nebeneffekt ist, dass Stickstoff etwa 2,5 % leichter als Luft ist.*

Stickstoff dient als **Schutzgas** *beim* **Schweißen** *und als* **Glühlampen-Füllgas***.*

Als Treibgas*, Packgas, Gas zum Aufschlagen von Sahne und Ähnlichem ist es als Lebensmittelzusatzstoff E 941 zugelassen.*

Stickstoff findet in Getränkezapfanlagen Verwendung, wenn auf Grund von baulichen Umständen (langer Leitungsweg, großer Höhenunterschied) ein hoher Zapfdruck notwendig wird. Stickstoff wird hier zusammen mit Kohlenstoffdioxid als Mischgas verwendet. Da sich Stickstoff nicht im Getränk löst, kann auch bei einem höheren Druck ohne zu viel Schaumbildung gezapft werden.“

Flüssigstickstoff

Flüssigstickstoff

(Aus Wikipedia)
„Siedender Stickstoff dient in einem Metallbecher, Leder-Handschuh erforderlich, als Kälteschutz.

Er wird auch zur Lagerung biologischer und medizinischer Proben, Eizellen und Sperma, (–196 °C) sowie zum Schockfrieren von biologischem Material verwendet.

Installateure verwenden flüssigen Stickstoff zum Einfrieren, um Teile von Wasserleitungen auswechseln zu können.

Flüssiger Stickstoff wird auch eingesetzt, um zum Beispiel Getriebewellen so weit zu schrumpfen, dass aufgesetzte Zahnräder durch Presspassung auf der Welle halten.

Stickstoff – Verwendung als Brandschutz

Sind in Räumen Gefahrengüter gelagert, werden sie aus Brandschutzgründen mit Stickstoffgas gefüllt. Solche Räume müssen mit speziellen Warneinrichtungen gekennzeichnet werden, weil beim Betreten Lebensgefahr besteht. Zusätzlich kann das Tragen einer persönlichen Schutzausrüstung nötig sein, welche das Unterschreiten des Sauerstoffgehalts unter einen Grenzwert rechtzeitig anzeigt.

Lachgas: *Distickstoffmonoxid (N_2O), ist ein farbloses Gas, aus der Gruppe der Stickstoffoxide, hat ein **spezifisches Gewicht von 1,978 kg je m³** und ist fast gleich schwer wie CO_2. In der Atmosphäre kommt es nur in geringen Mengen, derzeit 323 ppb (milliardstel Teile) vor, wird aber als Klimakiller bezeichnet. **1 kg Lachgas ist in 1,579.878 m³ Luft** enthalten.*

Auf Grund des spezifischen Gewichtes wird es in den Luftschichten immer versuchen, in Bodennähe zu bleiben, wenn es nicht vom Wind wiederum in die Höhe verfrachtet wird. Lachgas ist leicht wasserlöslich.

Es wird vor allem durch natürliche Prozesse, wie z. B. bakterielle Oxidation in Böden und Ozeanen gebildet und in die Atmosphäre freigesetzt. Es ist Bestandteil des globalen Stickstoffkreislaufs.

Die Herstellung erfolgt in einer intramolekularen Redoxreaktion durch kontrollierte thermische Zersetzung von Chlorid freiem Ammoniumnitrat." (Aus Wikipedia)

Lachgas wird in der Medizin hauptsächlich von Zahnärzten verwendet, da es kurzzeitig schmerzlindernd wirkt.

In den Niederlanden ist es ein erlaubtes Rauschmittel. Ich habe im Internet drei Videos gefunden, wie dieses Gas als Rauschmittel richtig angewendet wird, denn es kann bei unsachgemäßer Anwendung zu Erfrierungen im Kehlkopfbereich kommen.

Warum wird Lachgas überhaupt erzeugt, wenn es so klimaschädlich ist?

Lachgasparty

Bei der Beschreibung von Stickstoff und seinen Verbindungen habe ich vieles sinngemäß aus Wikipedia entnommen. Ich glaube aber, dass es eine Bedeutung zum Klimawandel hat.

Bei einigen Zahlen, Fotos und Daten habe ich, soweit diese vorhanden waren, die Urheber angefügt.

Phosphor (P2) und Calcium (Ca)

Phosphor (P_2) gehört zu den wichtigsten Pflanzennährstoffen. Alles Wachstum der Pflanzen beruht auf einem ausreichenden Vorhandensein aller Pflanzennährstoffe. Der Zuwachs an Biomasse richtet sich nach jenem am geringsten vorkommenden Nährstoff im Boden. Deshalb machen die Landwirte Bodenuntersuchungen, um nur den Mangel an bestimmten Nährstoffen mit der Mineralstoffdüngung auszugleichen.

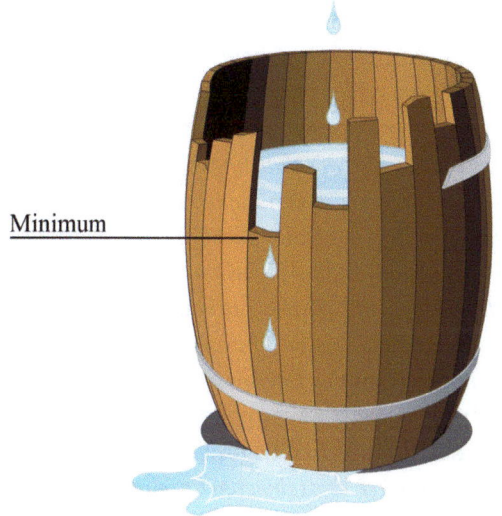

Minimum

Minimumgesetz

Diese Bodenuntersuchungen sollen mindestens im Abstand von 5 Jahren erfolgen, um nach dem Vorhandensein der Nährstoffe und der Spurenelemente im Boden die Düngung auszurichten, weil die Düngemittel sehr teuer geworden sind.

Bei den Böden werden durch die Verwitterung des Grundgesteins von Natur aus unterschiedliche Mengen an Nährstoffen frei. Die Fehlenden müssen durch eine Düngung mit Mineralstoffen ergänzt werden. *Früher waren die Volldünger mit* **NPK** *– Stickstoff – Phosphor – Kali gebräuchlich. Auch der Kalkgehalt (Calcium) ist von großer Bedeutung. Jährlich werden für die Pflanzen ungefähr 1/30 der Nährstoffe im Boden frei verfügbar. Calcium kann alle anderen Nährstoffe im Bodenspeicher verdrängen, sodass sofort nach einer Kalkdüngung ein guter Ertrag sichtbar wird, weil alle anderen Nährstoffe in größerer Menge zur Verfügung standen.*

Es gibt ein altes Sprichwort zur überhöhten Kalkdüngung: „Reiche Väter – arme Söhne".

Von den Pflanzen kann Phosphor nur bei ausreichendem Vorhandensein von Calcium genutzt werden.

Alle Lebewesen, nicht nur die Pflanzen, brauchen Phosphor, damit sie wachsen und gedeihen können.

Lebewesen können Phosphor nicht direkt aufnehmen, sondern nur über die Pflanzen. Diese nehmen den Phosphor aus dem Erdreich auf und bringen diesen in die Nahrungskette, wo er über Zwischenstationen schließlich auch zu den Menschen gelangt.

Phosphor kommt in der Natur nicht in reiner Form vor, sondern in Salzen. Phosphat (Phosphor) ist neben Kalzium der wichtigste Mineralstoff des Körpers und für den Aufbau von Knochen und Zähnen wichtig. Darüber hinaus besitzt Phosphat u. a. wichtige biologische Funktionen im Rahmen des Energiestoffwechsels der Zellen. Der Stoffwechsel von Phosphat ist eng mit dem von Kalzium verbunden.

Natürlicher Phosphordünger *ist das im Handel befindliche* **Guano***. Guano ist durch versteinerten Vogelmist auf niederschlagsarmen Inseln von Vögeln, Pinguinen oder Fledermäusen ausgeschiedenes Guanin (vermischt mit Harnsäure), welches durch Verwitterung Guano bildet, besonders auf kalkreichen Böden. Dieses Gestein wird abgebaut und kommt gemahlen, mit hohem Phosphorgehalt in den Handel.*

Ein weiteres phosphorreiches Düngemittel ist das **Thomasmehl***, welches bei der Eisengewinnung als Nebenprodukt anfällt. Das Verfahren in der „Thomasbirne" eignet sich zum Schmelzen phosphatreicher Eisenerze. Der zu Phosphorpentoxid oxidierte Phosphor wird* mit einem Zuschlag von Kalk vermischt und in Form fein gemahlener Schlacke als sogenanntes „Thomasmehl als Düngemittel eingesetzt. **Eine Überdüngung bringt nicht mehr Zuwachs, sondern es kann sogar zu einer Ertragsminderung führen.**

Goldwasser bezeichnen einige Gärtner die Jauche und dies aus gutem Grund, denn Jauche (Urin) enthält Kalzium, Magnesium, Phosphor und viel Stickstoff und ist deshalb ein ausgezeichneter Dünger.

Hausfrauen kennen auch einige Abfallprodukte vom Haushalt zum Düngen der Zimmerpflanzen. Kaffeesatz ist reich an Phosphor, Kalium, Stick- und Mineralstoffen und daher viel zu schade für den Müll. Hausfrauen sammeln den Kaffeesatz als natürlichen Dünger. Sie geben diesen in Wasser und gießen damit ihre Zimmerpflanzen. Man kann den Kaffeesatz auch mit Blumenerde mischen und damit die Balkonpflanzen oder Gemüsebeete düngen.

Calcium (Ca) ist für die Lebewesen ebenso wichtig wie Phosphor. Ein Mangel an Phosphor führt zu Störungen des Calciumstoffwechsels, also zur Entmineralisieren von Knochen und Zähnen. Deshalb sind Mangelsymptome bei beiden Elementen identisch.

Die ausreichende Versorgung mit den Mineralstoffen von Phosphor und Calcium brauchen schwangere Frauen. Beim Aufbau der Knochen des Kindes im Mutterleib entzieht es der Mutter die Mineralstoffe. Bei der Mutter kann es zu Knochenschwund und anderen Mangelerscheinungen kommen.

Phosphate (Phosphor) kommen von Natur aus in praktisch allen Lebensmitteln vor. Eiweißreiche Lebensmittel wie Milchprodukte, Fleisch und Hülsenfrüchte aber auch Nüsse und Obst enthalten besonders viele Phosphate.

Bei Pflanzen kommt es bei Phosphormangel zu einer sichtbaren Mangelerscheinung, indem sich die Blätter rötlich verfärben.

Phosphormangel

In der Nahrungsmittelindustrie wird Phosphat als Zusatzstoff bei der Verarbeitung von Lebensmitteln eingesetzt (z. B. als Trenn- und Backtriebmittel, als Säuerungsmittel in Softdrinks, sowie als Schmelzmittel bei der Schmelzkäseherstellung).

Phosphor liegt im menschlichen Körper und in allen Lebensmitteln ausschließlich in Form von Phosphat vor. Da praktisch alle Lebensmittel Phosphor enthalten, ist ein ernährungsbedingter Phosphormangel nicht bekannt.

Mineralstoffe und Spurenelemente

Der Vollständigkeit halber möchte ich darauf hinweisen, dass wir mit unserer Nahrung auch Mineralstoffe und Spurenelemente aufnehmen, welche in den Pflanzen nur dann enthalten sind, wenn diese entweder von Natur aus (im Grundgestein) vorkommen oder mit dem Handelsdünger dem Boden zugeführt wurden.

Dies sichert uns Menschen eine gesunde Ernährung. Auch für das Wachstum der Pflanzen und deren Aussehen haben Mineralstoffe und Spurenelemente eine große Bedeutung.

Mineralstoffe bezeichnet man jene Elemente, welche **mehr als 50 mg/kg** im Körpergewicht enthalten sind.

Spurenelemente *bezeichnet man jene Elemente, welche* **weniger als 50 mg/kg** *im Körpergewicht enthalten sind.*

Die wichtigsten Mineralstoffe und Spurenelemente sind in den angeführten Nahrungsmitteln enthalten:

- **Kalzium:** *Milch, Käse, Nüssen, Brokkoli, Orangen, Mineralwasser.*
- **Natrium:** *Natriumchlorid: Kochsalz, Brot, Käse, Wurst, Salzgebäck.*
- **Kalium:** *Bananen, Petersilie, Kartoffeln.*
- **Magnesium:** *Mineralwasser, Brokkoli, Nüssen, Kartoffeln, Milch.*

<u>**Mineralstoffe**</u>: *Mangelerscheinungen bei:*
- **Natrium:** *Das Gehirn reagiert besonders empfindlich auf einen Natriummangel. Eine leichte Hyponatriämie äußert sich zunächst durch Unwohlsein, Schwindel oder Kopfschmerz. Auch Gangunsicherheit oder Gedächtnisprobleme können auftreten.*
- **Chlorid:** *Ein Mangel führt zu Störungen im Säuren-Basen-Haushalt des Körpers (Alkalose), zeigt sich in flacher Atmung, Muskelkrämpfen und Herzfunktionsstörungen.*
- **Kalium:** *Fehlen von Kalium in den Zellen zeigt sich in Form von Muskelschwäche, Müdigkeit, Schlafstörungen, geistiger Abwesenheit, Kopfschmerzen, Blähungen und Verstopfung. Anhaltender Kaliummangel kann sich in Herzrhythmusstörungen niederschlagen.*
- **Kalzium:** *Es treten häufige Muskelkrämpfe auf, die Personen können verwirrt, depressiv und vergesslich sein, haben Kribbeln in ihren Lippen und Fingern, sie verspüren oft steife, schmerzhafte Muskeln. Meist wird die Erkrankung durch Routine-Blutuntersuchungen entdeckt.*
- **Magnesium:** *Muskelschwäche und Muskelkrämpfe sowie Appetitlosigkeit und Übelkeit.*
- **Phosphat:** *Ein Phosphatmangel kann zu Appetitlosigkeit, Blutarmut, Muskelschwäche, Knochenerkrankungen, einem erhöhten Infektionsrisiko, Nervenstörungen und einer gestörten Bewegungskoordination führen.*
- **Sulfat:** *Es wirkt entgiftend auf die Leber und fördert die Gallenfunktion. Es regt die Verdauung an.*

Spurenelemente: *Mangelerscheinungen bei:*

- **Eisen:** *Müdigkeit, Leistungsverlust oder Haarausfall, Blutarmut (Eisenmangelanämie), die sich durch Atemnot, Schwindel, Herzklopfen und blasser Haut zeigt.*
- **Jod:** *Die Schilddrüse kann mit einer Vergrößerung (Struma) auf den chronischen Jodmangel reagieren.*
- **Fluorid:** *Ein Fluoridmangel kann zu Zahn- und Knochenschwäche führen.*
- **Zink:** *Die Betroffenen verlieren Appetit, leiden unter Haarausfall, fühlen sich lustlos und verlieren ihren Geschmackssinn.*
- **Selen:** *Symptome eines Selenmangels sind z. B. Störungen der Muskelfunktion und des Immunsystems.*

- **Kupfer:** *Die Nervenschädigung kann zu einem Kribbeln und Gefühlsverlust an Händen und Füßen führen. Eine Muskelschwäche kann entstehen. Kupfer kann auch die Gesundheit der Haut fördern, Akne vorbeugen und sogar Falten reduzieren.*

Seit der Erarbeitung des Beitrages über die Spurenelemente, habe ich Bedenken, dass bei Bio-Landwirtschaft, wo nicht gedüngt werden darf, in den Pflanzen und Lebensmitteln die Mineralstoffe und Spurenelemente fehlen können?

Könnte es dann nicht der Fall sein, dass es bei dauernder Ernährung mit Bioprodukten zu Mangelerscheinungen oder Schädigung mancher Organe kommen kann?

Außerdem kann es auch zu Mangelerscheinungen bei **Protein- oder Eiweißmangel** kommen. Dies macht sich durch Müdigkeit, Kraftlosigkeit, Muskelschwäche und trockener Haut bemerkbar. Auch Vitaminmangel kann sich auf die Gesundheit auswirken.

Abhilfe schafft eine eiweißreiche Ernährung mit Lebensmitteln wie Fleisch, Fisch, Eier und Hülsenfrüchte.

Die „vegane Ernährung" wird in letzter Zeit als Beitrag zum Klimawandel angeführt.

In der Natur ist es selbstverständlich, dass sich die Tiere so ernähren, wie sie sich in der Evolution entwickelt haben. Es gibt eben Tiere als Pflanzenfresser, Raubtiere als Fleischfresser und Allesfresser, zu denen auch wir Menschen gehören.

Ich habe gelesen, dass die großen Raubkatzen nur Pflanzenfresser erbeuten und als erstes die Eingeweide samt Inhalt wegen der Vitamine fressen. Andere Raubtiere werden nur wegen der Nahrungskonkurrenz getötet, aber nicht gefressen. Eine Katze wird nie eine Spitzmaus fressen.

Warum darf ein Fischotter die Fische und ein Wolf die Schafe fressen, aber wir Menschen sollen zur veganen Kost umerzogen werden?

Für unser Klima und der CO_2-Rückgewinnung mittels Photosynthese ist es wichtig, dass auf den Feldern gesunde Pflanzen mit hohem Anteil an Grünmasse wachsen, welche auch sämtliche Mineralstoffe und Spurenelemente enthalten, die wir Menschen für unsere Gesundheit brauchen.

Bei nicht ausreichenden oder fehlenden Mineralien bestehen die Pflanzen hauptsächlich aus Rohfaser. Diese Pflanzen werden früher reif und können nicht mehr assimilieren. Die fehlenden Mineralstoffe müssen wir mit Nahrungsergänzungsmitteln zu uns nehmen, welche uns in Tablettenform um sündteures Geld angepriesen werden.

In den Medien wird für diese Nahrungsergänzungsmittel bis zum Ärgernis geworben, damit wir sportlich bleiben, eine glatte Haut erhalten können und ein fast ewiges Leben erreichen.

Sollte uns dies nicht nachdenklich machen?

Wofür braucht man eigentlich dieses CO_2?

Als wichtiger Rohstoff wird Kohlenstoffdioxid auf unterschiedlichste Weise genutzt.

Dazu sagt Christian Pichler, Postdoctoral Researcher am Christian Doppler Labor für erneuerbare Synthesegas-Chemie der Universität Cambridge:

Christian Pichler

Ohne CO_2 würde es kein Pflanzenwachstum geben. Auch im technischen Bereich wird Kohlenstoffdioxid angewendet – zur Kühlung als Trockeneis, in Feuerlöschern, in der Lebensmittelindustrie als Kohlensäure in Getränken oder als Lösungsmittel. Dieses sogenannte superkritische Kohlenstoffdioxid entwickelt unter hohem Druck und Temperatur besondere Eigenschaften, die zum Beispiel beim **Entkoffeinieren** *von Kaffee genutzt werden.*

Es wird zur Haltbarmachung von Obst und Gemüse in Kühlhäusern verwendet, wo der Sauerstoff entzogen wurde und deshalb keine

Fäulnis stattfinden kann. Die Luftfeuchtigkeit wird auf ca. 90 % und die Temperatur auf 2-4 Grad gehalten.

Besondere Aufmerksamkeit kommt dem Kohlenstoffdioxid in Bezug auf die Erderwärmung zu. Als Treibhausgas fungiert CO_2 neben Wasserdampf, Methan und Lachgas sozusagen als Temperaturregler für die Erde. Unbestritten ist, dass eine Erhöhung der Konzentration der Treibhausgase zu einem Ansteigen der Temperaturen auf der Erde führt.

Dieses Ansteigen der CO_2-Konzentration könnte auch einen Einfluss auf die Ernteerträge bei den Feldfrüchten haben, welcher in den jährlichen Berichten der AMA zu beobachten ist.

*„Um die Erderwärmung in Übereinstimmung mit dem ambitionierten 1.5 °C Klimazielen von Paris möglichst gering zu halten, sollen bis etwa 2060 die CO_2-Emissionen auf netto null gemindert werden und (je nach Szenario) auf netto null oder sogar netto negativ (=CO_2-Gehalt der Luft verringern) gehalten werden. Die einfachste Möglichkeit dazu einen Teil beizutragen, ist das Energiesparen. Das geht sofort, dazu braucht es keine neue Technologie", betont Christian Pichler. Gleichzeitig wird daran geforscht, wie man neue und alternative Energieträger verwenden kann, ohne weiteres CO_2 zu emittieren. Als Beispiel dafür nennen die Wissenschaftler die Elektrifizierung der Industrie, welche einen großen Anteil des weltweiten Gesamtenergieverbrauchs darstellt. „Dazu muss Strom aus erneuerbaren Energiequellen, das heißt **Solar-, Wasser- oder Windstrom**, gewonnen werden."*

Ein wissenschaftlicher Blickwinkel auf dieses Molekül: „Kohlenstoffdioxid-CO_2" ist mittlerweile zum Synonym für den Klimawandel geworden. Dabei ist das Molekül grundsätzlich nichts Schlechtes: Kohlenstoffdioxid ist ein wichtiger Bestandteil des natürlichen Kohlenstoffkreislaufs.

„Kohlenstoffdioxid ist seit jeher ein Bestandteil unserer Atmosphäre und entsteht bei jeder Art von Verbrennung (=Oxidation): bei der Zellatmung vieler Lebewesen, durch Lagerfeuer, beim Bierbrauen oder in Verbrennungsmotoren, um nur einige Beispiele aus dem Alltag zu nennen", erklärt Andreas Wagner, Doktorand am Christian Doppler Labor für erneuerbare Synthesegas-Chemie der Universität in Cambridge.

Andreas Wagner führt weiter aus: „Das heißt wir müssen Wege finden, nachhaltige Stromerzeugung und nachhaltige Kraftstoff- und Chemikalienproduktion miteinander zu verbinden."

Während immer mehr erneuerbare Energie in der Form von Elektrizität erzeugt wird, gibt es noch Probleme bei der Speicherung.

Batterien werden eine Rolle spielen, um einen Teil dieser elektrischen Energie zu speichern, besser wäre es aber, mit dem Strom chemische Reaktionen in Gang zu setzen und den Strom in Wasserstoff und andere energiehaltige Moleküle umzuwandeln, die anschließend gespeichert und weiterverwendet werden können.

Andreas Wagner

CO$_2$ ökologisch sinnvoll verarbeiten

Und genau daran arbeiten Andreas Wagner und Christian Pichler gemeinsam mit ihren Kolleginnen und Kollegen an der Universität Cambridge unter der Leitung von Prof. Erwin Reisner. Ihre Forschung deckt verschiedene Aspekte der CO$_2$-Umwandlung ab, mit dem Ziel einer nachhaltigen Nutzung von Kohlenstoffdioxid (CO$_2$) in Richtung einer zirkulären Kohlenstoffwirtschaft.

Die beiden Chemiker untersuchen dabei, wie mit Strom aus erneuerbaren Energien oder Sonnenlicht, chemische Reaktionen zur Wasserspaltung oder Synthesegasherstellung möglichst effizient durchgeführt werden können. Dazu sind sie mit der Entwicklung neuer Photokatalysatoren beschäftigt und versuchen, aus Biomasse und auch Plastikabfällen relevante Produkte für die chemische Industrie herzustellen, während diese gleichzeitig Wasserstoff produzieren.

Synthesegas *– ein Gasgemisch aus Kohlenmonoxid und Wasserstoff, ist ein wichtiger Chemierohstoff zur Erzeugung von Treibstoffen. Dies wird derzeit hauptsächlich aus fossilen Brennstoffen gewonnen. „Deshalb versuchen wir neue Wege zu finden, wie Synthesegas ökologisch sinnvoll aus Kohlenstoffdioxid und Wasser gewonnen werden kann", erläutern die beiden Forscher.*

Was bedeutet das für die Zukunft?

„Prognosen sind immer ein wenig schwierig", sind sich die beiden einig. „Ich denke aber, dass die Elektrifizierung unserer Gesellschaft und der Industrie unumgänglich ist", so Andreas Wagner weiter. Um CO_2-effizient zu sein, müssten aber der Ausbau erneuerbarer Energiegewinnung und die Entwicklung alternativer Energieträger noch stärker forciert werden und geeignete Speichermöglichkeiten (sei es in der Form der Zukunftstechnologien Power2Gas und elektrolytischen Wasserstoff) vorhanden sein. Eine andere Möglichkeit, laut der Wissenschaftler, wäre das überschüssige CO_2 aus der Luft abzusaugen und im Boden zu speichern, wo es entweder in gasförmiger Form bestehen bleibt oder zu Kalziumkarbonat versteinert. „Hier laufen derzeit noch große Forschungsprojekte, wie dies bestmöglich funktionieren kann.", so Christian Pichler.

Reinigung der Luft von CO_2

Wie können wir das klimaschädliche CO_2 aus der Luft entfernen?

In den Medien lesen, hören und sehen wir ständig nur von der **Emission von CO_2 in die Luft**.

Wenn die Natur mit der **Photosynthese** nicht dafür gesorgt hätte, gäbe es nach so vielen Jahrtausenden nur noch **CO_2** in der Atmosphäre. **Ein Leben auf der Erde würde dann nicht mehr möglich sein.**

Betrachten wir einmal, wie die Menschen früher gelebt haben, welche noch keine Ahnung von Emissionen und **CO_2** hatten, und dass wir trotzdem noch leben.

Die Beleuchtung erfolgte anfangs mit dem Kienspan, der Pechfackel, Öllampen aus Tierfett und wer es sich leisten konnte, mit Kerzen aus Bienenwachs und erst später aus Paraffin. Dann erfolgte bis nach dem Zweiten Weltkrieg am Lande die Beleuchtung mit der Petroleumlampe.

In den Städten wurde die Beleuchtung in den Wohnungen und Straßen mit Gaslicht hergestellt. Das Gas wurde durch Erhitzen der Kohle gewonnen. Die Gasometer in Wien sind noch Zeugen von damals. Die Rückstände, der sogenannte Koks, war ein wertvolles Heizmaterial für den Haushalt, die Metallgewinnung und den Betrieb der Eisenbahn, weil es mehr Hitze als Kohle erzeugte. Auch in den städtischen Haushalten war der Koks sehr beliebt, weil dieser weniger rußte und es weniger Asche gab.

In den Haushalten wurde alles wiederverwertet. Viele Bewohner hatten einen kleinen Schrebergarten, wo sie einen Hasenstall oder ein paar Hühner hielten und so die Essensabfälle weiterverwendeten.

Der einzige Abfall war die Asche. Diese Asche wurde von sogenannten „Aschensammlern", von sehr armen, meist Männern, gegen etwas Essbares oder ein kleines Trinkgeld abgeholt. Bekannt ist diese Tätigkeit aus Grillparzers Theaterstück „Der Bauer als Millionär".

Bei der Gärung in den Wein- und Mostkellern entstand damals wie heute das CO_2 und wurde in die Luft abgelassen.

Die Vulkane haben immer schon bei einer Eruption CO_2 an die Luft emittiert.

Durch das Brennen von Kalk und der Erzeugung von Zement entweicht nicht nur vom Brennmaterial, sondern auch vom **Kalkgestein** und vom **Kalkmergel das CO_2**.

Es gäbe noch viele Beispiele, wo früher CO_2 an die Luft abgegeben wurde.

Weil es weniger Leute auf der Erde als heute gab, war die Emission natürlich auch viel geringer.

Als man die Dampfmaschine erfand, wurde diese mit Holz oder Kohle befeuert. Die Energie, welche man in den neu errichteten Fabriken und den Eisenbahnen benötigte, wurde aus Holz und Kohle erzeugt. Für Mühlen und kleine Sägewerke nutzte man die Wasserkraft, welche auch oft an kleinen Bächen errichtet wurden. Hier wurden, meist am Oberlauf der Bäche, kleine Weiher errichtet, um das Wasser zu sammeln. Wenn diese voll waren, konnte wiederum gemahlen oder gesägt werden.

Bei den vielen Kriegen wurden oft ganze Dörfer niedergebrannt und auch die reifen Felder durch Abbrennen zerstört.

Der Transport von Lasten und Produkten wurde mit Tieren bewerkstelligt.

Erst als der Motor erfunden wurde und die Produkte mit LKW oder die Personen mit Autobussen befördert wurden, brauchte man mehr Treibstoff. In jenen Ländern, wo Erdöl vorkommt, wurde mit größeren Fördermengen konkurriert.

Auch die Eisenbahn stellte von Kohle auf Dieseltreibstoff um. Die Hauptstrecken wurden elektrifiziert.

Im Gebirge wurden riesige Staumauern errichtet, um das Schmelzwasser aufzufangen und bei Bedarf Strom (Spitzenstrom) zu erzeugen. An den Flüssen, wie der Donau, wurden Laufkraftwerke errichtet, welche ständig Strom erzeugen.

Im Flachland und im städtischen Bereich wurde der Strom aus Kohle und Gas gewonnen, wobei ebenfalls CO_2 emittiert wurde.

Erst als der Wohlstand nach dem Zweiten Weltkrieg kam und man von Kriegsgefangenen, welche in Amerika in Gefangenschaft waren, erfuhr, dass dort jede vierte Person ein Personenauto besitzt, war das bei uns unvorstellbar. 30 Jahre später gehört es bei uns auch zum Standard, wenn nicht bei uns fast auf zwei Personen ein PKW kommt.

Die Autos brauchten aber anfangs viel mehr Benzin als heute. Ein VW Käfer brauchte mit seinen 34 PS ca. 14 Liter Benzin auf 100 km. Heute braucht ein 100 PS PKW ca. 5-6 Liter Dieselkraftstoff. Im Verhältnis dazu brauchen manche Motorräder mehr Benzin bei gleicher PS-Leistung als ein PKW.

Es wurde viel Werbung gemacht, dass Heizen mit Gas viel billiger sei als mit allen anderen Heizmaterialien. Deshalb wurden Pipelines für Gasleitungen quer durch Europa gebaut. Sogar am Lande wurden die Orte entlang der Hauptleitung angeschlossen. So entstand ein dichtes Gasnetz. Großer Beliebtheit erlangte die Fernwärme in den Städten, weil man keine Öfen mehr brauchte. Diese Heizwerke wurden ebenfalls mit Gas betrieben.

Eine große Konkurrenz zwischen den Bundesländern Nieder- und Oberösterreich herrschte, wer das erste Atomkraftwerk bekommen soll. Niederösterreich machte das Rennen. Nach Demonstrationen und Besetzung der Hainburger Au hat sich die „Grünbewegung" etabliert und auch gegen das Atomkraftwerk Stimmung gemacht.

Bei der Volksabstimmung, als es sich eine Partei auf ihre Fahnen heften wollte, kam es zu einer sehr knappen Entscheidung gegen das Atomkraftwerk.

Nun haben wir im Umkreis von manchmal nicht einmal 100 km an der Grenze Atomkraftwerke. Nur Österreich ist das einzige Land auf der Welt, welches ein fast fertig gebautes Atomkraftwerk nicht in Betrieb nahm. Es wird auch demonstriert, wenn im nahen Ausland ein Atomkraftwerk gebaut wird, aber den Strom nehmen wir ihnen trotzdem ab.

Daraufhin wurden in Dürnrohr gleich zwei Kohlekraftwerke errichtet, weil der Strombedarf enorm anstieg. Bei einer Exkursion in Dürnrohr wurde uns gesagt, dass mit Polen ein Vertrag über große Mengen hochwertiger Steinkohle gemacht wurde. Auch konnten wir sehen, wie ein Waggon in wenigen Minuten durch Umkippen entleert werden konnte.

Die Kohle wurde fast zu Staub zermahlen und in den Brennraum eingeblasen. Auch die Dampfturbine wurde uns in einem Modell gezeigt. Geplant ist, das warme Abwasser nach St. Pölten zu leiten und in das Fernwärmenetz einzuspeisen.

Mittlerweile wurde ein Kraftwerk stillgelegt und das andere dient der Müllverbrennung. Bei jeder Verbrennung, auch von Müll, entsteht CO_2.

Ich habe mich bemüht, die Entwicklung unserer Emissionen, sicher nicht vollständig, doch irgendwie, aufzuzeigen.

Warum konnten bei dem CO_2 Ausstoß über die Jahrhunderte hinweg überhaupt noch Menschen überleben? Weil die Natur etwas Wunderbares eingerichtet hat.

Und dieses Wunder verschafft uns die Natur, ohne dass ein Mensch irgendetwas dazu getan hätte, um das verpönte klimaschädliche Gas, das Kohlendioxid-CO_2 aus der Luft wiederum herausbekommen.

Die Natur macht dies kostenlos und erfolgreich durch Millionen von Jahren hindurch und hat ein System eingerichtet, welches für uns Menschen das Leben auf der Erde ermöglicht.

Dieses System ist die **Photosynthese**, bei der das Chlorophyll der grünen Pflanzenteile Mit dem Sonnenlicht und der Wärme, das CO_2 aufnimmt, den Kohlenstoff in der Pflanze speichert, in Glykose umwandelt und so im (absteigenden) Saftstrom die ganze Pflanze, bis zur Wurzel, ernährt. Dort nimmt die Pflanze die im Boden gelösten Nährstoffe auf und mit dem (aufsteigenden) Saftstrom gelangen diese wiederum in die ganze Pflanze und werden dort in den Zellen gespeichert, was wir als Wachstum bezeichnen.

Zusätzlich ist es noch von Bedeutung, dass das klimaschädliche Gas CO_2 ein spezifisch höheres Gewicht als die anderen Gase der Atmosphäre hat und sich in Bodennähe und im Kronenbereich der Bäume befindet. Dort wird es über die Spaltöffnungen der Unterseite der Blätter und Nadeln aufgenommen und aufgespalten. Der Sauerstoff wird freigesetzt und steht uns zum Atmen zur Verfügung.

Für uns Menschen ist es auch lebenswichtig zu wissen, dass das Kohlenstoffdioxid schwerer als normale Luft ist, denn es ist gefährlich, ohne Kerze oder Lampe in einen Gärkeller zu gehen. Das Licht muss immer in Hüfthöhe gehalten werden, denn wenn dies erlischt, muss man den Raum sofort verlassen. Gleiches gilt beim Einstieg in einen Hochsilo. Durch eine solche Unachtsamkeit sind schon viele Menschen um ihr Leben gekommen.

Unsere Atemluft hat beim Einatmen ca. 407 ppm CO_2 und beim Ausatmen ca. 30.000 ppm CO_2. Ein Lüften unserer Wohnräume ist aus diesem Grund sehr wichtig. Es wurde gezeigt, dass Flüchtlinge in einem geschlossenen LKW-Anhänger durch ihre eigene Atemluft erstickt sind.

Es ist wichtig, dass durch den Wind von den emittierenden Gebieten ein Austausch und die Vermischung der Gase ermöglicht wird. Die Pflanzen brauchen, vor allem in den wärmeren Jahreszeiten, dass die CO_2-reiche Luft in Bodennähe gelangt, um den Feldfrüchten und den Bäumen zur Assimilation zur Verfügung zu stehen.

Da von den NGOs immer nur von der Speicherung geredet wird, das heißt, CO_2 für immer zu binden, ob im Holz, welches verbaut wird, oder im Humus (Pflanzenteile) im Boden und in den Mooren als Torf.

Die neueste Idee ist das Verpressen in aufgelassenen Öl- oder Gasfelder. Diese Methode, (CCS) ist sehr teuer und fast nicht durchführbar, denn bei der Verflüssigung (-56 C°) ist viel Energie für Kälte und Druck erforderlich, sodass sich diese wahrscheinlich nicht rentieren wird.

Welchen Beitrag können wir mit der Bewirtschaftung des Bodens zum Klimawandel leisten?

- Entfernen des klimaschädlichen CO_2 aus der Atmosphäre

Da auf natürlichem Weg nur die Photosynthese die einzige Möglichkeit ist, das klimaschädliche Gas, das CO_2 aus der Atmosphäre wieder herauszubekommen, kommt der Bewirtschaftung der Wälder und landwirtschaftlichen Flächen die ganze Aufgabe zu.

1. Forstwirtschaft

Durch einen zielgerichteten Waldbau bei der Bewirtschaftung der Wälder, muss immer für die nächsten Generationen, der nächsten hundert Jahre, Bedacht genommen werden.

Die Photosynthese entstand, vielleicht vor einer Milliarde von Jahren, als sich das Chlorophyll gebildet hat und das Kohlenstoffdioxid (CO_2) aufgespalten werden konnte. Erst mit dem frei gewordenen Sauerstoff konnten sich Pflanzen im Meer, später auch an Land entwickeln. Auch die Tiere an Land entstammten dem Meer und mussten eine Entwicklung durchmachen, denn im Meer nahmen sie über die Kiemen den Sauerstoff auf, welcher durch die Photosynthese von den Wasserpflanzen abgegeben wurde. An Land erfolgte die Atmung des in der Atmosphäre vorhandenen Sauerstoffs über die Lungen.

Vom Kohlenstoff in Gasform (Kohlenstoffdioxid), in der Luft, hängt alles Leben auf der Erde ab.

Von Natur aus leisten Bäume und Sträucher einen großen Anteil mit ihren chlorophyllhaltigen Blättern und Nadeln bei der Photosynthese.

Die letzten Jahrhunderte hindurch wurden jene Baumarten bevorzugt, welche am meisten benötigt wurden und den besten Erlös brachten. Im 18. Jahrhundert gab es einen Mangel an Bauholz. Deshalb erfolgte im Wald bei den Holzarten ein Umbau. Eichen- und Hainbuchenwälder wurden in Kiefernwälder, meist nach Streugewinnung mittels Schneesaat, umgewandelt.

In höheren Lagen war die Fichte schon immer dominant, da sie als Bauholz, Brennholz, zur Produktion von Holzkohle, Dachschindeln und vielem mehr verwendet wurde. Sie verjüngte sich nach Streunutzung sehr leicht.

Da man auch die schwachen Sortimente gut, z. B. als Weinstecken und Zaunpfähle verwenden konnte, wurden die Naturverjüngungen lange im Dichtschluss gehalten.

Bei der Sukzession haben sich die Pflanzen an jene, für sie verbliebenen Boden- und Klimaverhältnisse angepasst. Diese

Eigenheiten von Sträuchern und Bäumen müssen wir bei waldbaulichen Maßnahmen berücksichtigen.

**Die Menge der Entnahme von CO_2 aus der Luft ist nur im
Zuwachs sichtbar.**

Schon bei der Aufforstung hat man sehr enge Pflanzverbän-
de gewählt. Dies auch deshalb, weil durch den Dichtschluss der
Waldboden kühler war und sich die Schadpilze nicht so leicht
vermehren konnten. Auch Pilze, wie Stein- oder Herrenpilze
(Boletus edulis) und Eierschwammerl (Cantharelles cibarius),
Fliegenpilze (Amanita muscaria) und viele mehr wobei wir nur
die Fruchtkörper der Mykorrhiza-Pilze sehen, und diese beginnen bei schwüler Luft in der Nacht zu wachsen.

Ein Profi-Schwammerlsucher hat mir einmal gesagt, dass das
Wachstum vom Mond abhängig ist. Das Pilzwachstum hängt
mit den Mondphasen zusammen. Erfahrene Pilzesammler gehen
ab einer Woche vor Vollmond bei warmer, schwüler Witterung
„Schwammerl suchen".

Steinpilz   *Eierschwammerl*

Ein Wald ist gesund und widerstandsfähig, wenn im Wald Pilze,
ganz gleich welche, wachsen.

Hauptsächlich sind nur zwei Pilzeartenfür die Bäume schädlich. Es sind dies der Hallimasch (Armillaria mellea) und die
Rotfäule (früher Fomes annosus), welche an Wurzelverletzun-
gen in den Baum hineinwachsen.

Hallimaschpilz　　　　　　　　*Rotfäulepilz*

Der Hallimasch wächst im Kambium und bildet dort ein Myzel, welches den Baum schädigt. Wenn das Myzel den ganzen Stammumfang erreicht hat, stirbt der Baum ab.

Die Rotfäule wächst an der beschädigten Wurzel im Holz empor und es verringert beim aufsteigenden Saftstrom die Nährstoffversorgung im Kronenbereich. Bei der Rotfäule kommt es oft zu hohlen Stämmen im Stammbereich.

Der Hallimasch bildet an alten Stöcken, meist im August, gelbe Fruchtkörper, welche auch genießbar sind.

Diese Schadpilze brauchen einen warmen Waldboden.

Wenn der Waldboden trocken und warm ist, können die „nützlichen" Mykorrhiza-Pilze nicht mehr gedeihen. Die Mykorrhiza-Pilze sind für die Wasserversorgung der Bäume notwendig, während die Schadpilze die Feuchtigkeit von den Bäumen nehmen.

Wo der Standort nur halbwegs für die Fichte geeignet war, wurden Laubholzbestände, ebenfalls in Fichtenwälder umgewandelt. Die Fichte war, wurde und ist die Hauptholzart in Österreich.

Dass der Klimawandel bei uns angekommen ist, werden wir zur Kenntnis nehmen müssen, ob wir es glauben wollen oder nicht. Es ergibt sich daher für die Forstwirtschaft eine zusätzliche, neue Situation.

Unsere Standardbaumarten wie Fichte, Kiefer, Weißtanne, Buche und Eiche haben jetzt auch schon auf vielen Standorten wegen geringerer Niederschläge und höherer Temperaturen

Probleme und werden von Insekten und Bodenpilzen zum Absterben gebracht.

Wir kennen das Ulmensterben, das Absterben der Eschen und welche Bäume als nächste an der Reihe sind, wissen wir noch nicht.

Diese Baumarten, wie Fichte, Tanne, Buche, Kiefer und Eiche haben bisher unsere Wälder gebildet und werden es wahrscheinlich auch in Zukunft noch tun. Sie werden sich auf einen Standort zurückziehen, welche für die jeweilige Holzart der günstigste ist.

Wir sollten aber auch eine Sicherheitsvariante in Betracht ziehen und wärmeverträglichere Baumarten beimischen, um Mutterbäume von anderen Baumarten zu haben. Es sollten kleinere Bestände mit Baumarten aus anderen Kontinenten, mit sogenannten „Fremdländer-Baumarten" aufgeforstet werden, vielleicht können diese für die Zukunft wegweisend sein.

*Prof. Dr. Silvio Schüler, vom Bundesforschungs- und Ausbildungszentrum für Wald, BFW, hat in einem Vortrag, zum Thema Waldsterben folgendes Zitat gesagt: **„Der Wald stirbt nicht allein wegen der Erwärmung des Klimas, sondern durch die Erwärmung des Waldbodens"**.*

Dr. Schüler schreibt, in einer Fachzeitschrift, „Mein Wald – Mein Holz", ich zitiere wörtlich, „dass für den Aufbau klimafitter Wälder das Interesse und die Größe der Waldfläche von Bedeutung ist. Auch die Entfernung vom Wohnort zum Waldgrundstück spielt eine wichtige Rolle."

Er schreibt weiter, dass bei den „inaktiven Waldbesitzern", deren wirtschaftliche Interessen am Wald gering sind, sollte bei der Aufforstung der Laubholzanteil überwiegen, weil ein geringerer Pflegebedarf erforderlich ist.

Im Vergleich dazu können „aktive Waldbesitzer" das steigende Risiko minimieren, indem sie auf eine regelmäßige und konsequente Pflege der Bestände, Baumartenmischungen und kürzeren Umtriebszeiten setzen.

In Europa wurde durch die Eiszeiten die Pflanzenwelt stark selektiert, weil durch die Gebirgszüge, welche in Europa eine Ost-

Westrichtung haben und diese Pflanzenarten nicht in den Süden ausweichen konnten. Nach dem Ende der Eiszeit vermehrten sich nur jene Pflanzen, welche die Eiszeit überlebt haben.

Die Besiedelung erfolgte nach Norden hin und die Berghänge hinauf.

Bewirtschaftung der Wälder

Es ist eine wichtige Aufgabe der Forstwirtschaft, nun nach Baumarten zu suchen, welche jetzt auch schon in Gebieten wachsen, wo es in der Vegetationszeit wärmer ist, und auch weniger Niederschläge gibt, als wir bei uns vielleicht jemals haben werden.

Beispiele dafür gibt es, weil nach der Entdeckung Amerikas Samen von den verschiedensten Pflanzen und Bäumen nach Europa kamen. Diese wurden anfangs in Parkanlagen, hauptsächlich in Spanien und England, gepflanzt. Als dann die Besiedelung des Westens, der USA und Kanada erfolgte, kamen vom reichhaltigen Angebot der zahlreichen Tannenarten auch die, für uns in Europa vielleicht wichtigste Baumart, die Douglasie nach Europa.

In Nordamerika verlaufen die Gebirgszüge wie die Kaskaden und Rocky Mountains in Nord-Südrichtung. Die gesamte Vegetation konnte in den Eiszeiten immer nach Süden bis Mexiko ausweichen. Bei der Rückkehr nach der Eiszeit haben sich die vitalsten Gewächse, die Douglasie, am schnellsten jene Flächen wieder besiedelt, welche für sie der beste Standort war. Für alle anderen Baumarten blieben nur die Restflächen wie Feuchtgebiete, oder sie waren so schattenverträglich, dass sie auch viele Jahre im Unterstand warten konnten, bis durch ein Ereignis, Sturm, Blitz oder Feuer die Überschirmung freimachte.

Auch entwickelten manche Bäume eine Borke, welche ein Bodenfeuer leicht überstehen konnten, wie die Mammutbäume, deren Samen im Rohboden und der Asche leicht keimen konnten. Die Mammutbäume sind die ältesten, einige tausend Jahre alt und auch die massenreichsten Bäume (General Sherman Tree – 84 m hoch, 31 m Umfang, ca. 2500 Jahre alt und ca. 1.500 m³ Volumen) der Welt konnten sich dort erhalten.

Der schottische Botaniker, Gärtner und Pflanzensammler David Douglas (1799–1834) hat die „Gewöhnliche Douglasie" entdeckt und Samen mitgebracht. Es soll noch einige Exemplare aus dieser Zeit in Parkanlagen in England geben.

Die Douglasie kommt in Gebieten vor, wo es im Winter oft mehr als minus 40 °C wird, und sie hält 7 m Schneehöhe aus und wächst auch dort noch, wo es in der Vegetationszeit oft weniger als 50 mm Niederschlag gibt, und zeigt trotzdem einen guten Wuchs.

Die Douglasie kann diese Klimaextreme deshalb leichter verkraften, weil sie die Eigenschaft hat, dass sie auch über die Nadeln die Feuchtigkeit vom Tau aufnehmen kann. Die Nadeln der Bäume der Douglasie haben eine dünne Oberhaut (Epidermis), welche von einer rissigen Wachsschicht (Cuticula) überzogen ist, um einen Flüssigkeitsaustausch zu ermöglichen.

Bei unseren einheimischen Nadelbäumen ist die Oberhaut der Nadeln mit einer dickeren geschlossenen Wachsschicht überzogen. Der Feuchtigkeitsaustausch kann daher nur über die Unterseite, den sogenannten Spaltöffnungen (Lentizellen) erfolgen. Auch die Aufnahme des CO_2 erfolgt über diese Spaltöffnungen.

Die Douglasie (Pseudotsuga douglasii) hat ein großes Verbreitungsgebiet in Nord-Süd-Ausdehnung von ca. 4 000 km, in den Rocky Mountains und den Kaskaden von Alaska bis in den Norden Mexikos.

Um die vorige Jahrhundertwende hat Prof. Dr. Cieslar im Forstgarten der Versuchsanstalt auf der Knödelhütte, 100.000 Douglasienpflanzen gezogen und an Waldbesitzer in der Monarchie, von Galizien bis Vorarlberg abgegeben. Bei der Samenwahl richtete man sich nach dem Breitengrad von Österreich und jenem in Amerika. Der nördlichste Punkt von Österreich ist Litschau mit dem 49. Breitengrad und Eisenkappl in Kärnten liegt am 46. Breitengrad.

In Amerika ist die Grenze zu Kanada und dem Bundesstaat Washington der 49. Breitengrad und der Mount Adams in den Kaskaden ist der 46. Breitengrad, ebenfalls in Washington.

„DNA"-Analysen von vorhandenen, vorwiegenden Altbeständen bei uns in Österreich und auch in Deutschland haben ergeben, dass sich die Saatgutauswahl damals größtenteils an den Breitengraden und der Seehöhe orientiert hat.

Die österreichischen Bestände stammten fast alle aus dem Bundesstaat Washington. Nur ein Bestand am Manhartsberg, der Metternich'schen Forstverwaltung in Grafenegg, stammt aus New Mexiko, nahe Santa Fe. Diese Stadt liegt nahe dem 35. Breitengrad, welcher auf Europa übertragen der südlichste Punkt in Griechenland, Marokko und Syrien wäre. Dieser Bestand ist als Beispiel für die Begründung klimafitter Wälder wertvoll.

Das Saatgut für Deutschland stammte damals größtenteils aus British Columbia, wo die Kaskaden und die Rocky Mountains zusammenkommen und Vancouver Island. Man spricht hier von einer Übergangszone, wo die grüne Form der Kaskaden sich mit der blauen Form der Rocky Mountains vermischt. Einige Proben stammten auch aus Samenzonen der Olympic-Halbinsel in Washington.

Die Douglasie zeigt bei uns ein gutes Wachstum und erreicht schon mit 60 Jahren jene Holzmasse, welche von der Fichte mit 100 Jahren erreicht wird.

Andere Baumarten werden vom Süden Europas und Asiens, wie die Baumhasel aus Persien, die Nordmannstanne aus der Türkei, Nussarten aus Usbekistan und die Walnuss aus ihrer Heimat Kirgisien bei uns angebaut.

Auch aus dem Himalaya wird versuchsweise die Himalaya Zeder (Cedrus deodara) angepflanzt. Im Kaukasus habe ich Wildbirnenbäume mit bis zu 5 fm Blochholz sowie auch Wildapfelbäume und auch Elsbeerbäume gesehen, welche gutes Stammholz hatten.

Ich habe von einem Forstmann der Region Krasnodar 150 Gramm Birnensamen aus dem Kaukasusgebirge im Tausch gegen Mammutbäume erhalten. Die Baumschule Murauer hat diese Samen aufgeteilt und im Vorjahr, 2023, ca. 250 Stück versetzbare Birnbäume an verschiedene, interessierte Forstbetriebe abgegeben, der Rest kommt jetzt im Frühjahr 2024 zur Aufteilung.

Je größer der Holzzuwachs der Bäume ist, desto mehr CO_2 wird über die Photosynthese der Atmosphäre entnommen.
In nachfolgender Tabelle sind nach der Waldinventur Deutschlands die häufigsten Baumarten angeführt, wo man den jährlichen Zuwachs an Vorratsfestmetern (Vfm) sehen kann, welcher dem Gesamtzuwachs der Baumart gleichkommt und für die jährliche Entnahme von CO_2 von Bedeutung ist.

Baumart	Gesamtzuwachs (Vfm)	Nutzbare Holzmasse (Efm)	Sägeholz	Kronen u. Astholz
Waldinventur 2012 in Deutschland				
Holzzuwächse der Baumarten und deren Verwendung				
Holzzuwachs der Holzarten Hektar und Jahr				
LT. Waldinventur 2012 sind in den Deutschen Wäldern, von 2002 bis 2012, jährli.10,9 Vfm zugewachsen.				
Buchen	10,30	8,24	3,30	4,94
Eichen	8,30	6,64	2,32	4,32
Esche Ahorn	8,90	7,12	2,49	4,63
Erle Birke Weide	6,40	5,12	1,28	3,84
Hybridpappel	**22,00**	17,60	7,04	10,56
Fichte	15,30	12,24	8,57	3,67
Tanne	16,30	13,04	10,43	2,61
Douglasie	**18,90**	15,12	12,10	3,02
Lärche	10,70	8,56	6,42	2,14
Kiefer	9,50	7,60	4,56	3,04
Riesentanne	**25,80**	20,64	15,48	5,16
Österreichische Waldinventur: durchschnittlichen, jährlichen Gesamtzuwachs von 9 Vfm / Jahr / ha.				

Die nutzbare Holzmasse -„Efm" pro Hektar beträgt 15 bis 25 % weniger als bei den angegeben Vfm, weil Blätter, Äste und Stöcke nicht genutzt werden können.

Eine Spalte zeigt die Ausbeute in Prozenten von sägetauglichem Rundholz, eine weitere den jährlichen Zuwachs an Kronen- und Astholz, welches für die Industrie für Papier, Spanplatten, Zellulose und für Heizzwecke und Energiegewinnung genutzt werden kann.

Der jährliche durchschnittliche Gesamtzuwachs wurde für Deutschland mit 10,9 Vfm ermittelt.

Für Österreich hat die Bundesversuchsanstalt-BFW in seinem Jahresbericht für 2022 einen durchschnittlichen Zuwachs von 9 Vfm angegeben. Mit dem hohen Anteil an Bergwäldern in Österreich kann dies begründet werden.

Die Waldbesitzer sind bei der Auswahl der Baumarten zur Schaffung klimafitter Wälder vom Standort abhängig. Die Exposition, die Höhenlage, das Grundgestein (Urgestein oder Kalkboden), Augrund oder stark vergleyte Böden müssen berücksichtigt werden.

Aus obiger Tabelle ist ersichtlich, dass die Holzarten sehr unterschiedliche Zuwächse haben. Für den Waldbesitzer ist der Ertrag aus der Holznutzung ausschlaggebend, er muss es aber als Verpflichtung ansehen, einen Beitrag bei der Holzartenwahl auch für das zukünftige Klima zu leisten.

Deshalb ist es wichtig, den größtmöglichen Zuwachs mit jenen Baumarten zu erreichen, denn darin zeigt sich die Menge an CO_2, welche aus der Atmosphäre entfernt wurde.

Für das Klima ist der Gesamtzuwachs eines Bestandes relevant. Wirtschaftlich aber ist der Anteil an Sägeholz von jeder Baumart von Bedeutung. Sägeholz wird meist als Bauholz verwendet und ist für die Dauer der Verwendung ein Kohlenstoffspeicher (Kohlenstoff-Senke).

Vielfach werden nichtheimische Nadelhölzer, wie Douglasie, Rotzeder (Thuja plicata) und die Riesentanne (Abies grandis), aber auch die Laubhölzer wie Roteiche, Schwarznuss und als Ersatz für die absterbende Esche der Tulpenbaum (Liriodendron tulipifera) genutzt, da sie die steigenden Temperaturen leichter überstehen.

Die Fichte ist als Zeitmischung sehr interessant, denn das Wachstum ist in der Jugend sehr hoch, das Durchforstungsholz hat einen guten Preis und ist weniger anfällig gegen Schädlinge, wie den Borkenkäfer.

Für die Fichte gibt es ein breites Verwendungsgebiet. Schwachholz aus den Pflegemaßnahmen deckt bereits einen Großteil der Arbeitskosten ab.

Für 1 Vfm (Vorratsfestmeter) Zuwachs braucht der Baum eine Tonne CO_2 aus der Luft. Diese Berechnung stammt von Prof. Dr. rer. nat. Arno Frühwald, Universität Hamburg. Zwei Tonnen Sauerstoff werden wieder an die Luft abgegeben. Daher können wir mit waldbaulichen Maßnahmen „Klimafitte Wälder" bei der Bestandesbegründung für die nächsten Generationen anlegen.

Zehn erstaunliche Fakten - Wald in Österreich

Dieser Artikel stammt aus dem Internet. https://www.proholz. at/wald-holz-klima/10-fakten-zum-wald-in-oesterreich. 10. 2024
„Österreich hat 65 Baumarten, 4 Millionen Hektar Wald und weltweit eines der strengsten Forstgesetze. Was es sonst noch über den Wald in Österreich zu wissen gibt, hier in 10 Fakten.

1. Die Hälfte Österreichs ist Wald
47,9 Prozent der Fläche Österreichs sind Wald. Die Waldfläche von rund 4 Millionen Hektar entspricht der Größe der Schweiz.

2. Jede Sekunde wächst im Wald 1 Kubikmeter Holz nach
1,216 Millionen Kubikmeter Holz stehen in Österreichs Wäldern. Gemessen am Holzvorrat pro Fläche liegt Österreich im europäischen Spitzenfeld. **Jedes Jahr wachsen rund 30 Millionen Kubikmeter Holz nach.** Das ent-

spricht rund 1 Kubikmeter Holz pro Sekunde oder rund 2.000 Einfamilienhäusern aus Holz pro Tag.
In 1 m³ Holz wird Kohlenstoff aus 1 Tonne CO$_2$ gespeichert.

Ergänzung: Wie oft muss sich die Luft in der Vegetationszeit mit 407 ppm CO$_2$ erneuern, um diesen Holzzuwachs erst zu ermöglichen? 1 Tonne CO$_2$ ist in 1,242.790 m³ Luft enthalten.

3. Waldfläche und Holzvorrat nehmen zu
Die Waldfläche wächst aktuell um 2.300 Hektar jährlich. In den letzten 50 Jahren hat sich die Waldfläche insgesamt um 330.000 Hektar vergrößert, das entspricht deutlich mehr als der Fläche Vorarlbergs. Von den rund **30 Millionen Kubikmetern Holzzuwachs pro Jahr** werden **derzeit nur rund 26 Millionen genutzt**. Die restlichen 4 Millionen Kubikmeter Holz verbleiben im Wald und vergrößern stetig den Holzvorrat.

4. Österreichs Wälder sind zum größten Teil Privateigentum

5. Österreichs Wälder sind Kulturwälder
Österreichs Wälder sind das Produkt jahrhundertelanger Pflege und Nutzung durch den Menschen. Unberührte Urwälder beschränken sich auf kleinste Flächen. 82 Prozent der Wälder sind Ertragswald, 13 Prozent sind Schutzwald ohne Ertrag. Trotz der hohen Einflussnahme durch den Menschen können rund **zwei Drittel der gesamten Waldfläche als natürlich, naturnah und kaum verändert** eingestuft werden (laut der von der Akademie der Wissenschaften herausgegebenen Studie ‚Hemerobie österreichischer Waldökosysteme‘). Die Biodiversität ist laut Index des Bundesforschungszentrums für Wald relativ hoch und hat in den letzten Jahren weiter zugenommen."

Erläuterung: *Der Begriff „Hemerobie" stammt aus den Bereichen Biologie, Ökologie und Naturschutz und gibt den Grad der menschlichen Beeinflussung auf die außermenschliche Natur (wie beispielsweise Biotope, Biozönose oder Ökosysteme) an.*

„6. Ein strenges Forstgesetz bestimmt die Waldbewirtschaftung.
Seit 170 Jahren schreibt eines der strengsten Forstgesetze weltweit allen Waldbesitzern die nachhaltige Bewirtschaftung verpflichtend vor."
Ergänzung: Es darf nicht mehr geerntet werden als nachwächst. Bei der Pflege und Nutzung der Wälder muss gesichert sein, dass biologische Vielfalt, Produktivität und Regenerationsvermögen jetzt und in Zukunft erhalten bleiben. Als einziger EU-Staat verpflichtet Österreich seine Waldbesitzer ab einer Fläche von 1.000 Hektar Wald staatlich geprüfte, hauptberuflich tätige Forstleute einzusetzen.

„7. In Österreich leben 300.000 Menschen vom Wald.

8. In Österreichs Wäldern wachsen 65 Baumarten."
Ergänzung: 80 Prozent der Baumarten sind Nadelbäume, 20 Prozent Laubbäume. Die Fichte ist mit einem Anteil von 57 Prozent die mit Abstand häufigste Baumart in Österreich. Zweithäufigster Baum ist mit 12 Prozent die Buche. Der Anteil der Fichte nimmt zugunsten stabiler Mischwälder ab (minus 2,3 Prozent in den letzten 10 Jahren), Laubbäume nehmen zu.

„9. Der Wald ist Klimaschutzfaktor Nr. 1.
In Österreichs Wäldern sind rund **3,6 Milliarden Tonnen CO_2 gebunden**. Das ist etwa die 45-fache Menge CO_2, die jährlich in Österreich ausgestoßen wird.
Ergänzung: Holz aus dem Wald zu ernten und als Baustoff zu nutzen, steigert den Klimaschutz-Effekt des Waldes. Jeder Kubikmeter verbautes Holz bindet eine Tonne CO_2

langfristig. Gleichzeitig wachsen anstelle der gefällten Bäume im Wald neue Bäume, die wieder aktiv CO_2 der Atmosphäre entziehen.

10. Der Wald liefert Holz für einen zweiten Wald aus Häusern.
Weniger als ein Drittel des jährlichen Holzzuwachses in Österreichs Wäldern würde bereits genügen, um das gesamte Hochbauvolumen eines Jahres in Holz zu errichten. **Wie oben erwähnt, haben wir in Österreich einen jährlichen Holzzuwachs von 30 Mill. Vfm (Vorratsfestmetern). 1 Festmeter Holz entsteht durch die Umwandlung von 1 Tonne CO_2, daher entnimmt der Wald 30 Mill. Tonnen CO_2 der Luft."**

2. Die Landwirtschaft

Lt. Statistik Austria 2022 gibt es in Österreich https://www.proholz. at/wald-holz-klima/10-fakten-zum-wald-in-oesterreich (letztmalig am 10.10.2024)
   ca. 1,3 Millionen Hektar Ackerland (1,322.912 ha) und
   ca. 1,2 Millionen Hektar Dauergrünland (1,209.980 ha).
   Beim Mehrfachantrag müssen jährlich jene Pflanzenarten gemeldet werden, welche auf den landwirtschaftlichen Flächen stehen.
   Deshalb wäre es einfach, wieviel CO_2 tatsächlich durch die Photosynthese der Atmosphäre entnommen und in den Früchten und Gräsern sequestriert wird.

Bei einigen Feldfrüchten habe ich die Daten aus Meldungen von Deutschland über die Entnahme von CO_2 gefunden. Diese habe ich nach Angaben von Österreichs Landwirten angepasst:

Wichtigste Feldfrüchte	Gesamte Anbaufläche in ha	Gesamte Erntemenge in Tonnen	Durchschn. Anbaufläche in ha	Durchschn. Ernte je ha / kg
Erntemengen in Österreich 2018 - 2022, lt. Statistik Austria				
von NÖ LLK Frau Dipl. Ing. Marianne Priblatter - Hackl				
	5 Jahre	5 Jahre	1 Jahr	1 Jahr
Weizen	1 219 413	7 032 998	243 883	5,768
Roggen	194 438	916 690	38 888	4,715
Hafer	106 818	410 122	21 364	3,839
Wintergerste	486 333	3 180 305	97 267	6,539
Sommergerste	171 146	714 192	34 229	4,173
Körnermais	1 076 718	11 389 897	215 344	10,578
Sojabohnen	375 801	1 082 778	75 160	2,881
Kartoffel früh	65 153	1 841 008	13 031	28,257
Kartoffel spät	50 829	1 949 993	10 166	38,364
Zuckerrüben	157 280	11 934 005	31 456	75,877
Silomais	423 676	19 895 578	84 735	46,959
Raps	164 923	505 096	32 985	3,063

Es ist schwierig zu erfahren, wieviel CO_2 jede einzelne Feldfrucht der Luft entnimmt.

Der Kohlenstoffgehalt in den Früchten macht nur ein Drittel vom Kohlenstoffdioxid aus.

Von einem Hektar werden durchschnittlich 60 bis 120 Tonnen Zuckerrüben, mit einem Zuckergehalt von 16 bis 18 %, geerntet. Daraus werden **15-18 Tonnen Zucker** gewonnen.

„Die Ernterückstände, Nebenprodukte der Zuckererzeugung wie Melasse und Trockenschnitzel, Laub, welches im Herbst abfällt, sowie Wurzeln in der Erde sind auch durch CO_2 aus der Luft durch die Photosynthese gewachsen."

REINIGUNG der LUFT allgemein und CCS (Carbon Capture and Storage)

Der folgende Artikel wurde fast vollinhaltlich aus dem Internet entnommen, habe nur kurze Ergänzungen dazugeschrieben. https://www.ardalpha.de/wissen/umwelt/klima/klimawandel/ treibhausgase-wegraeumen-co2-sauger-100.html

__*WELTKLIMARAT* empfiehlt: *KOHLENDIOXID-ENTNAHME UND CCS*. (*Carbon Capture and Storage*)__

Können wir CO_2 aus der Luft einfach entfernen?

Milliarden Bäume pflanzen, die Kohlendioxid abbauen, oder moderne Technik nutzen, die CO_2 aus der Luft buchstäblich aufsaugt: Es gibt Möglichkeiten, Treibhausgase, die wir produzieren, wieder loszuwerden.

Doch was kostet uns das?

Einfach wegräumen? Wie sollen Treibhausgase aus der Atmosphäre verschwinden?

Weiterhin Auto fahren, in alle Welt fliegen, Fleisch essen, den Fernseher laufen lassen und trotzdem klimaneutral leben, weil wir die Treibhausgase, die wir in die Luft blasen, einfach von dort wieder entfernen. Einsaugen und wegräumen, oder im Gegenzug einfach genügend Bäume pflanzen, wäre das nicht toll?

Das geht. Wir könnten so viele Bäume pflanzen, dass sie einen großen Teil der **menschlichen Kohlendioxid-Emissionen aufnehmen. Wir könnten unsere Energie zukünftig nur aus Biomasse** gewinnen und das dabei anfallende CO_2 gleich auffangen und tief in den Boden pressen, wo es ursprünglich ja auch war.

Wir können sogar Sauger aufstellen, die das CO_2 wieder aus der Luft herausfiltern."

<u>Erklärung:</u> CO_2 ist ein verhältnismäßig schweres Gas mit einem spez. Gewicht $1,977\,kg/m^3$ und drängt daher immer zur Bodennähe, wo der Kohlenstoff von der Vegetation bei der Photosynthese aus der Luft aufgenommen wird.

1 Tonne CO_2 ist bei ca. 400 ppm in 1 240 000 m^3 Luft in Bodennähe enthalten.

<u>Erklärung:</u> **1 kg CO_2 ist in 1240 m^3 Luft in Bodennähe enthalten.**

Da CO_2 ein verhältnismäßig schweres Gas ist (spez. Gewicht $1,977\,kg/m^3$) befindet es sich hauptsächlich in Bodennähe, wo es von der Vegetation bei der Photosynthese aus der Luft aufgenommen wird.

Durch die Luftbewegung (Wind) wird das CO_2 von den Fabriken, Städten und Autobahnen zu den Feldern und Wäldern gebracht, aber auch über die Ozeane verteilt, welche 2/3 der Erdoberfläche ausmachen. Dort wird, außer der Schifffahrt, kein CO_2 emittiert.

Antwort auf die Frage an ChatGPT über die CCS-Methode bekam ich folgende Antwort von ChatGPT:

CCS-Methode: **Zusammenfassung:**
Für die Abscheidung von 1 Tonne CO_2 in einer Industrieanlage, bei einer CO_2-Konzentration von 10 % (100 000 ppm) in den Abgasen, wird etwa 5.560 m^3 Abgas benötigt.
Wenn wir wissen, dass die Umgebungsluft etwa 0,04 % CO_2 (rund 400 ppm) enthält, dann sind 13.900.000 m^3 Luft für eine Tonne flüssiges CO_2 erforderlich.

Ergänzung: Interessant wäre zum Beispiel, wenn in einem Raster von 50 oder 100 km eine Messstation wäre und so, wie die Temperaturen im Radio der Landeshauptstädte und der im Regionalprogramm auch einzelner Orte gesendet würden.

Ich habe mir ein CO_2-Messgerät gekauft, um zu sehen, wie belastet die Luft ist.

Im Büro hatte ich am Morgen 403 ppm und zu Mittag, ohne Lüftung des Raumes, 407 ppm CO_2, was bedeutet, dass ich mit meiner Atemluft in 4 Stunden den CO_2 Gehalt um 4 ppm erhöht habe.

Auch habe ich im Wald, in der Stadt St. Pölten und im Waldviertel auf 900 m Seehöhe gemessen und die Differenz lag bei allen Messpunkten ungefähr bei 2 ppm.

Die negative Emission

Der Weltklimarat spricht in letzter Zeit auch von **negativer Emission**.

Dieser Begriff war mir bisher nicht bekannt und ich habe deshalb nachgeforscht.

Unter negativer Emission versteht man, wenn mehr CO_2 aus der Atmosphäre entfernt wird als durch die Methode der Entfernung positiver Emissionen verursacht werden.

Ein praktisches Beispiel: Ein Maisfeld von einem Hektar entnimmt mit der Photosynthese 14 Tonnen CO_2 pro Jahr.

Für Bearbeitung des Bodens, Aussaat, Pflege und Ernte werden ca. 200 Liter Dieseltreibstoff für einen 200 PS starken Traktor pro Jahr verbraucht. Dieseltreibstoff hat den Faktor 2.64, somit 528 kg CO_2. Rechnet man noch für Beobachtung des Feldes und anderer notwendiger Fahrten zum Feld mit dem PKW großzügig 400 kg CO_2 dazu, so kommen wir auf eine Emission von einer Tonne CO_2 **positiver** Emission.

Die Rechnung ist demnach 14 Tonnen Entnahme durch die Photosynthese abzüglich der Emission von 1 Tonne für Bestellung des Feldes, so kommt man auf eine **negative Emission von 13 Tonnen CO_2 pro Hektar Körnermais**.

Der Weltklimarat spricht auch davon, dass man mit technischen Einrichtungen das CO_2 aus der Atmosphäre entfernen muss, weil sonst die Klimaziele nicht erreicht werden können.

Wie kann der CO_2-Gehalt der Luft verringert werden?

Nachfolgendes aus Wikipedia: CO_2 Abscheidung und Speicherung
   Wikipedia: https://de.wikipedia.org>wiki>CO2-Abscheidung_un...
   „*Carbon Capture and Storage (CCS)* ist eine Technologie, die entwickelt wurde, um die CO_2-Emissionen, die bei der Verbrennung fossiler Brennstoffe entstehen, am effektivsten an der Punktquelle, das heißt direkt am Schornstein einer Fabrik, zu reduzieren.*"

Erklärung dazu: Ich konnte bei ChatGPT die CO_2-Werte am Rauchfang von Kachelöfen finden, wo ein Wert von 4 Gramm pro m^3 Abgas festgestellt wurde. Für 1 kg reines CO_2 braucht man 250 m^3. Für eine Tonne CO_2 müssen demnach 250.000 m^3 Rauchfangluft gefiltert werden.

Bei Schornsteinluft kostet 1 Tonne reines CO_2 im CCS-Verfahren ca. 120 bis 150,– € je Tonne. Aus der Umgebungsluft kommt man im CCS-Verfahren auf geschätzte Kosten bei ca. 800.– € je Tonne. Hier wird sichtbar, welchen Wert die Land- und Forstwirtschaft mit den grünen Pflanzen über die Photosynthese, also negative Emission erbringt.

In **Gewächshäusern** wird der CO_2-Gehalt der Luft **künstlich** auf Werte von 600 ppm bis auf 1600 ppm angehoben. Man bezeichnet dies als Kohlenstoffdioxid-Düngung, denn dadurch kann das Pflanzenwachstum, wenn der Nährstoffhaushalt und die Bewässerung für die Glashauspflanzen entsprechen, bis zu 40 % Ertragssteigerung erreichen.

Wenn man die Methode der Gärtner auf die Natur übertragen würde, könnte man bei höheren CO_2-Werten mehr Erträge in der Landwirtschaft erreichen.

Auch die Waldbäume würden bei mehr CO_2 in der Luft einen höheren Zuwachs haben, wenn ausreichend Feuchtigkeit und genügend Nährstoffe vorhanden sind.

Nur die Douglasie und einige andere nordamerikanische Baumarten haben die Möglichkeit, über die Nadeln auch die Luftfeuchtigkeit, besonders aber die Feuchtigkeit vom Tau in Trockenzeiten, aufzunehmen.

Die negative Emission könnte in Österreich mit der Aufforstung zuwachsfreudiger Baumarten dem derzeit jährlichen Zuwachs von 10 Vfm/ha, auf 12 bis 13 Vfm/ha gesteigert werden. Somit würden die 30 Mio. Hektar Wald dann durchschnittlich, ca. 35 bis 39 Mio. Tonnen CO_2 der Luft entnehmen.

Der Behauptung, dass die Landwirtschaft 11 % an der Gesamtemission beteiligt ist, kann unmöglich stimmen, denn es gibt keine andere Möglichkeit, so billig als mit den grünen Pflanzen CO_2 aus der Atmosphäre zu entnehmen.

Es wäre daher selbstverständlich, dass die **negative Emission des Waldes** nach dem **CCS-Verfahren** abgegolten würde. Der Betrag sollte sich, wie oben angeführt, zwischen 100,– und 800,– € je Tonne bewegen.

Bisher wurde dies von den Waldeigentümern kostenlos gemacht und mussten sich von manchen NGOs als Baummörder bis zu Umweltsündern beschimpfen lassen.

Die Landwirtschaft erbringt sicher ähnliche Werte der negativen Emission.

Auch ist das Verpressen von CO_2 gasförmig oder in verflüssigter Form in ausgebeuteten Gaslagern in einigen Ländern verboten und der Transport woanders hin würde wiederum die Umwelt belasten.

Aber **das ist nicht der einzige Preis**, den es bei all diesen CCS-Varianten von **„negativer Emission"**, der CO_2-Entnahme, kosten würde, spricht der Weltklimarat.

Von **negativen Emissionen** spricht man, wenn mehr CO_2 aus der Luft entnommen wird, als emittiert wird.

Beispiel Landwirtschaft

Das heißt, wenn ein Bauer ein Feld bestellt, z. B. einen Acker nach der Ernte, wird bei diesem zuerst mit dem Grubber die obere Ackerschicht umgearbeitet, damit die Unkräuter und die ausgefallenen Samen zu keimen beginnen können. Nach einigen Wochen, wenn die Fläche grün wird, spritzt man mit einem Pestizid, damit der Acker unkrautfrei wird. Wenn die Unkrautpflanzen vertrocknet sind, wird mit einer Kombinationsmaschine (Kreiselegge und Sämaschine) eine Gründüngung angebaut.

Die Gründüngung macht man deshalb, damit der Dünger und vor allem das CO_2 aus der Luft und der Stickstoff von den Pflanzen, wenn diese eingeackert werden, den Bodenlebewesen wie Bakterien und Regenwürmern und den nächsten Kulturpflanzen wiederum zur Verfügung stehen.

Je nach Förderprogramm, für welches sich der Landwirt entschieden hat, können ab einem Datum im November oder auch erst im Frühjahr diese Gründüngungspflanzen, wenn sie zu hoch sind, gemulcht oder eingeackert werden.

Mais kann man auch in die gemulchte Fläche anbauen, bei anderen muss zuerst geackert und dann angebaut werden.

Ist der Mais etwa 10 bis 15 cm hoch, wird mit einem chemischen Mittel, welches dem Mais nicht schadet, gespritzt. Im Herbst, wenn der Mais reif ist, wird dieser mit einem speziellen Mähdrescher geerntet. Die Maiskörner werden in einer Trocknungsanlage auf ca. 13 % Feuchtigkeit getrocknet. Auch kann dieser Mais, ohne Trocknung in einem Silo „eingemust" werden, um diesen, wie in der Schweinemast, nass zu verwenden.

Auch kann aus den Körnern in einer Fabrik daraus Zitronensäure erzeugt werden.

Manche Landwirte haben mit einer Biogasanlage einen Vertrag, wo die ganze Pflanze verwendet wird. Auch bei der Stiermast wird „Ganzpflanzensilage" verfüttert.

Die am Feld verbliebenen Stoppel werden mit einem Mulcher dem Erdboden gleich gemacht. Da bei Mais die Ernte schon nahe dem Winter ist, wird das Feld mit einem Pflug umgeackert.

Für die Berechnung habe ich den Landwirt, Herrn Ing. Norbert Schmidt gefragt und er sagte mir, dass er für die Bearbeitung des Feldes, Aussaat und Ernte ungefähr 5 Std benötigt. Ein 200 PS Traktor verbraucht pro Arbeitsstunde ca. 3,5 Liter Diesel-Treibstoff, plus 6 bis 8 % AdBlue der verbrauchten Dieselmenge oder ca. 2 Liter.

Berechnung der negativen Emission bei einem Maisfeld:

Dieser Traktor mit 200 PS verbraucht für die Arbeit und Anfahrt zum Feld ungefähr 20 Liter Dieseltreibstoff. Dabei emittiert er 530 kg CO_2 pro Hektar.

Ein Maisfeld speichert über die Fotosynthese ca. 14.000 kg CO_2.

Die negative Emission beträgt daher 13 470 kg CO_2 also ungefähr 13 Tonnen.

Eine Tonne CO_2 kostet mittels CCS-Verfahren am Rauchfang bis zum Lager 100,– bis 150,– €. Wenn das CO_2 aus der Umgebungsluft gewonnen wird, kostet es ca. 800,– €.

Ein Landwirt mit einem Maisfeld von 1 ha entnimmt der Luft ca. 14 Tonnen CO_2. Rechnet man die Emissionen beim Anbau und der Ernte mit 1 Tonne CO_2 ab, leistet er somit eine negative Emission von 13 Tonnen, welches bei einem Durchschnittswert von 600,– €/t ca. 9.800,– € entlohnt werden müsste.

So spart der Landwirt mit seiner Arbeit 1.300,– € bis 10.400,– €, pro Hektar, je nachdem, welche Werte man annimmt, nach der CCS-Methode, die am Rauchfang- oder jene von der Umgebungsluft zur Berechnung nimmt.

Beispiel Wald:
1 ha Wald entnimmt in Österreich über die Photosynthese im Durchschnitt pro Jahr ca. 10 Tonnen CO_2.

Für die Emission beim Einsatz von Motorsägen, Fahrzeugen beim Abtransport von Holz, für die KFZ des Forstpersonals und Forstarbeiter, Instandhaltung der Forststraßen, etc., kann man dafür 20 % rechnen.

So erbringt der Waldbesitzer im Durchschnitt eine negative Emission von 8,– Tonnen pro ha/Jahr. Wenn dies mit CCS-Methode entfernt werden würde, so beläuft sich die negative Emission zwischen 800,– und 5.600,– € je Hektar.

Wenn die Erreichung einer negativen Emission mit der CCS-Methode zwischen 100,– bis 800,– € wert ist, so sollte es für alle Arten der negativen Emission gelten. So müsste man dies auch den Land- und Forstbesitzern abgelten.

Dabei müsste bei der CCS-Methode die Verdichtung, Verflüssigung, den Transport, mittels Tankwagen oder Pipelines und das Verpressen in die Erde eingerechnet werden.

Da der Wald einem Alterungsprozess unterliegt und die Baumarten unterschiedliche Altersgrenzen haben, müssen diese immer wieder erneuert werden. Das Stammholz könnte auf die Dauer seiner Verwendung eine CO_2-Senke sein. Alles andere Holz könnte zu Pellets verarbeitet und daraus erneuerbare Energie (Strom, Wärme) gewonnen werden.

Wie können wir die Pariser Klimaziele erreichen?

Die Pariser Klimaziele können wir nur durch eine Reduktion der Treibhausgasemissionen erreichen. In der globalen Welt kann ein Land allein nichts bewirken. Denn, wenn zum Beispiel der Saharastaub zu uns bis hoch in den Norden Europas getragen wird, so erfolgt auch ein Transport der Treibhausgase rund um die ganze Welt.

Ein **Waldbrand in Kanada** hat so viel CO_2 emittiert wie **ganz Österreich in 15 Jahren**.

Wenn ein Vulkan, dessen Lava durch Kalkschichten durchbricht, so wird das CO_2 genauso freigegeben, wie bei der Kalkbrennerei oder der Zementerzeugung.

Nicht zu vergessen soll bei den Emissionen die Kriege in der Ukraine, in Palästina und Afrika. Auch bei der Erzeugung der Waffen werden enorme Mengen an Treibhausgasen freigesetzt.

Wenn die Wasserpflanzen im Meer durch Ausschluss von Sauerstoff verrotten, entsteht dort mehr Methan, als alle Wiederkäuer der Welt ausstoßen.

Wenn im Meer ein Vulkanausbruch stattfindet und dies in einem Gebiet, wo an den Abhängen des Festlandes Methaneis durch die Lava verbrannt wird, steigt das Methan auf. Dies wurde einmal in einer Universum-Sendung im ORF als Ursache des Verschwindens von Schiffen im Bermuda-Dreieck in Betracht gezogen. Wenn das Methan aufsteigt, und ein Flugzeug fliegt durch diese Methanwolke, kann es durch die heißen Triebwerke zu einer Entzündung kommen, das Flugzeug explodiert und verschwindet wie durch Zauberhand von der Bildfläche.

Auch in Mooren entsteht durch die absterbenden Moose unter Wasser Methan. Diese Ereignisse hat es schon immer gegeben und wird es auch noch geben, wenn die Menschheit am Planeten Erde nicht mehr vorhanden ist.

Man sieht schon, dass es auch, ohne Zutun des Menschen zu Treibhausgas-Emissionen kommen kann.

Dies darf aber nicht der Grund sein, dass wir sagen: „Da können wir sowieso nichts machen."

Wir Menschen sind mit unseren Aktivitäten, um für uns einen Wohlstand zu erreichen, die Hauptsache für die Klimaerwärmung. Auch die Entwicklungsländer wollen die gleichen Annehmlichkeiten erreichen wie die Bevölkerung der nördlichen Teile der Halbkugel unserer Erde.

Die Weltbevölkerung hat sich in den letzten 60 Jahren fast verdreifacht und Wissenschaftler beschäftigen sich schon damit, wie viele Menschen unsere Erde überhaupt ernähren kann. Wieviel CO_2 in der Luft wird benötigt, um die Nahrungsmittel für 10, 12 oder 15 Mrd. Menschen produzieren zu können, oder braucht es dann ebenfalls eine CO_2 Düngung.

Wir müssen jeden Verursacher einzeln betrachten und die Möglichkeiten, welcher dieser hat, um die Emissionen zu reduzieren.

Die **Energieerzeugung** wird an erster Stelle genannt. Denken wir zurück ins Mittelalter und wie sich die Heizung und Beleuchtung unserer Wohnungen verändert hat. Man hat noch vor 20 Jahren die Umstellung auf Gasheizung gefördert.

Auch der Antrieb unserer Maschinen vom Wasserrad zum E-Motor war eine Revolution.

Wir verteufeln heute das Gas aus Russland, wo wir sehr gute Geschäfte gemacht haben. Russland lieferte uns das Gas und Öl und hat uns fast alle Produkte abgekauft.

Durch den Krieg in der Ukraine hat sich natürlich viel verändert und man musste darauf reagieren. Aber ist das Flüssiggas aus Amerika, welches durch Fracking gewonnen, mit hohem Energieaufwand verflüssigt und in Tankschiffen zu uns nach Europa gebracht wird, weniger klimaschädlich?

Ich sehe hier keine Reduktion der Emissionen. Wir sind nur stolz, dass unsere Gasspeicher mit teurem Gas gut gefüllt waren und jammern jetzt, dass alles so teuer geworden ist. Dies wird auch noch so lange einen hohen Preis haben, bis das teure Gas verkauft ist.

Wie kann es uns gelingen, annähernd die Klimaziele zu erreichen?

Mit Fotovoltaik und Windrädern können wir vielleicht den laufenden Mehrbedarf an Energie abdecken, aber global kann sich, schon wegen der Zunahme der Weltbevölkerung, wenig ändern.

Der Ausbau der Wasserkraft zur Stromgewinnung, wäre meiner Meinung nach, durch die Ausnutzung des Gefälles, die günstigste Energiequelle.

Es nützt wenig, wenn sich noch so viele Windräder bei günstigem Wind drehen, aber in der Nacht wenig Strom verbraucht wird. Bei Fotovoltaik ist es ähnlich, denn die Stromerzeugung hängt von der Witterung ab.

Deshalb wäre die Erzeugung von Spitzenstrom aus Wasserkraft steuerbar und auch durch den höheren Erzeugerpreis rentabler.

Aber hier treffen viele gegensätzliche Interessen der NGOs aufeinander und dies lässt so manches Wasserkraftprojekt schon im Anfangsstadium scheitern.

Die **Industrie** zählt auch zu den großen Emittenten. Aber hier liegen die Einsparungspotenziale in Grenzen und sind mit der Produktion und der Beschäftigung der Personen in den Betrieben in Relation. Kann eine Firma ihre Waren nicht verkaufen, dann verbraucht sie auch wenig Energie, besteht aber eine große Nachfrage nach ihren Waren, ist der Energiebedarf höher.

Eine große Hoffnung besteht im Wasserstoff, das aber ist nur dann für den Treibhauseffekt positiv, wenn die benötigte Energie zur Elektrolyse nicht aus Erdgas, Kohle oder Erdöl stammt.

Kurzfristig viel wichtiger wären effektive Stromleitungen, damit der Strom über große Strecken geleitet werden kann. Der Ökostrom sollte, wenn er anfällt, auch dort verbraucht werden können, wo z. B. keine Windräder stehen und Spitzenstrom verbraucht wird. Eine gleichmäßige Verteilung kann nur durch Ringleitungen erfolgen.

In Österreich besteht eine große Schieflage auf beiden Seiten der Alpen. Vor mehr als 30 Jahren habe ich mit einem Techniker vom Verbund gesprochen, welcher bei der Trassenfindung von Salzburg nach Kärnten involviert war, und er sagte mir, dass es sein Wunsch wäre, wenn er die Alpenüberquerung mit einer starken Stromleitung noch erleben könnte.

Wenn eine Lawine oder ein Sturm eine Schneise durch den Wald reißt, wird dies akzeptiert. Auch wenn für eine Skipiste Grundflächen benötigt werden, überwiegen die kleinräumigen Interessen und es geht schneller. Bei überregionalen Projekten findet sich immer jemand, welcher dagegen ist, nur um im Fernsehen einen Auftritt zu bekommen.

Der Verkehr verursacht nicht nur durch die Abluft der Motore klimaschädliche Gase, sondern verbraucht bei der Produktion der Verkehrsmittel viel Energie. Trotzdem will niemand auf die Mobilität mit dem eigenen Auto verzichten.

Von der Regierung werden viele Förderungen auf den Umstieg auf E-Autos gewährt, aber trotzdem gibt es einige Hindernisse, denn die Reichweite, die Ladestationen und der Anschaffungspreis schreckt viele vom Umstieg ab. Auch gibt es viele Bedenken über die Lebensdauer und die Entsorgung der Batterien.

Ein Autohändler hat mir gesagt, dass es wenige Händler geben wird, welche gebrauchte E-Autos zurückkaufen.

Zum Bau der Batterien benötigt man „seltene Erden" und diese stammen vielfach aus Ländern, wo Kinderarbeit eine Selbstverständlichkeit ist.

Auch das Klimaticket wird sehr gerne angenommen, doch in den Stoßzeiten, am Morgen und am Abend sind auch von Pensionisten viele Plätze reserviert, welche nur zum Vergnügen von Wien nach Salzburg fahren, um dort einen Spaziergang zu machen. Die Pendler müssen nach der oft harten Arbeit im Zug oder Autobus stehen und überlegen, nicht doch mit dem PKW zu fahren.

Sehr bewährt haben sich die Park-and-Ride-Parkplätze, damit in Fahrgemeinschaften Treibstoff gespart wird. Für mich unverständlich sind Parkhäuser bei der Eisenbahn, wo man bis zu 20 Minuten zum Zug gehen muss. Dabei hätte man diese Parkhäuser direkt am Bahnhof über den Schienen bauen können, so wie am Bahnhof in Krems. Hier geht man vom Parkhaus über eine Stiege, von Regen und Schnee geschützt, auf den Bahnsteig.

Wenn die Eisenbahn oder die öffentlichen Busse auf Nebenstrecken den ganzen Tag im Stundentakt fahren und manchmal nur mit ein bis zwei Personen besetzt sind, kommt das keiner Reduktion der Treibhausgase nach.

Auf Hauptstrecken mit mehr und besseren Waggons könnten mehr Leute für die Bahn begeistert werden. Nur morgens, mittags und abends füllen die Schulkinder und Arbeiter die Waggons der Nebenstrecken.

Ein Verkehrsmittel, welches nie bei einer Klimadebatte zur Sprache kommt, ist das Motorrad. Ich gönne jedem das Vergnügen, mit dem Motorrad einen Berg hinaufzufahren, in Motorradclubs Freundschaften zu pflegen, oder ihr Fahrzeug an gewissen Treffpunkten zur Schau stellen zu können. Aber ich finde es zynisch, Pendlern oder Personen in ländlichen Gebieten, wo kein öffentlicher Bus fährt, vorzuwerfen, sie würden nichts zur Reduktion der Emissionen beitragen.

Die **Gebäude-Wirtschaft** steht im Fokus der Bodenversiegelung durch die Zufahrtsstraßen. Dabei machen die Dachflächen ein Vielfaches dieser Verkehrsflächen im Wohngebiet aus. Das Regenwasser rinnt über die Dachrinne in den öffentlichen Kanal. Von dort geht es schnell und direkt in den Bach und Fluss, während das Regenwasser von der Straße vielfach im Bankett versickern kann.

Es ist auch zu bedenken, dass die Bevölkerung in Österreich von 6 Mio. auf mittlerweile 8 bis 9 Mio. angewachsen ist. Wir sollten jedem sein Eigenheim oder eine menschengerechte Wohnung zubilligen. Die Bauordnungen geben vor, wie viele Stockwerke errichtet werden dürfen. In der Stadt gibt es Hochhäuser, doch am Land ist vielfach nur eine einstöckige Bauweise erlaubt.

Im Ostblock mussten alle in die Stadt ziehen und in Betonplattenbauten wohnen, weil man auf dem Land alle kleinen

Orte dem Erdboden gleich gemacht hat, mit dem Argument, Ackerland zu gewinnen um die Produktionsflächen zu erhöhen.

Hier ist eine sinnhafte Verbauung, auch auf dem Lande, für unsere Lebensqualität sehr wertvoll.

Auf dem Land sind die Städter mit einem Zweitwohnsitz ein Problem. In guten Lagen, wie Skigebieten oder der Wachau, wollen viele Städter eine Wohnung haben, wo sie nur einen Teil vom Jahr verbringen. Die Baugrundpreise steigen dort in die Höhe und nehmen den Einheimischen die Möglichkeit, sich dort ein Haus zu bauen oder eine Eigentumswohnung zu einem vernünftigen Preis zu bekommen. Die Städter treiben in begehrten Gebieten die Baugrund- oder Wohnungspreise in die Höhe.

Der Fremdenverkehr ist ein wichtiger Wirtschaftszweig in Österreich. Nur mit einer notwendigen Anzahl top ausgestatteter Zimmer mit Wellnessbereich kann eine gewisse Auslastung erreicht werden.

Hat nicht jeder von uns das Bedürfnis, sich einmal im Jahr, wenn vielleicht auch nur für eine Woche, verwöhnen zu lassen? Meistens schreien diejenigen über die Bebauung, welche im Winter die Pension in fernen, wärmeren Ländern verbringen, damit diese am Wohnsitz keine Heizung brauchen. Das Leben ist dort auch oft billiger als daheim. Es wird nur gejammert, weil in Österreich die kleinen Gaststätten und Kaufhäuser verschwinden.

Ist die CO_2-Düngung im Gewächshaus rentabel?

Frage an ChatGPT; *CO_2 Düngung im Glashaus, Ist dies sinnvoll?*
ChatGPT:
Die CO_2-Düngung im Glashaus (Gewächshaus) kann sehr sinnvoll sein, insbesondere im kommerziellen Gartenbau. Durch die Anreicherung der Luft mit zusätzlichem Kohlendioxid (CO_2) kann das

Pflanzenwachstum gesteigert werden. Hier sind die Hauptvorteile und Überlegungen:

Vorteile der CO_2-Düngung:

1. *Erhöhtes Pflanzenwachstum: CO_2 ist ein wesentlicher Bestandteil der Photosynthese. Höhere CO_2-Konzentrationen können die Photosynthese effizienter machen, was zu schnellerem Wachstum, größeren Blättern und höheren Erträgen führt.*
2. *Höherer Ertrag: Besonders bei Pflanzen wie Tomaten, Gurken und Paprika kann eine erhöhte CO_2-Konzentration zu einem höheren Fruchtertrag führen.*
3. *Verbesserte Wasser- und Nährstoffnutzung: Pflanzen, die besser mit CO_2 versorgt sind, nutzen Wasser und Nährstoffe effizienter.*
4. *Kompensierung niedriger Außenwerte: In einem abgeschlossenen Gewächshaus kann die CO_2-Konzentration durch die Photosynthese schnell absinken. Eine CO_2-Düngung gleicht diesen Verlust aus und erhält eine optimale Konzentration für das Pflanzenwachstum.*

Beheizbare Glashäuser sind meist dicht und es ist notwendig, zusätzlich Kohlendioxid in die Gewächshausatmosphäre einzutragen, denn es kann nur so viel an Pflanzenmasse zuwachsen, als CO_2 vorhanden ist. Eine Luftbewegung im Glashaus ist notwendig, damit das CO_2-Gas auch in die oberen Schichten, zu den Blättern, kommt.

Ohne Luftbewegung würde das CO_2, auf Grund des spezifischen Gewichtes, in Bodennähe absinken.

Richtig dosiert sorgt das Gas im Treibhaus für ein bis zu 40 % schnelleres Wachstum bei Tomaten, Gurken oder Salat.

*Für die **Pflanzen** werden als optimale Werte CO_2-Konzentrationen zwischen 600 bis 1600 **vpm** = **ppm CO_2** angegeben.*

Woher wird das CO_2 für die Gewächshäuser kommen?

Aus **dem Kalkgestein** ($CaCO_3$ – Calciumcarbonat) entweicht beim Kalkbrennen Kohlenstoffdioxid (CO_2). Dieses kann abgesaugt und in Tanks verdichtet werden.

Bei Bioheizwerken kann man aus dem Rauch das CO_2 herausfiltern. Es gibt sicher noch einige Quellen, z. B. aus Gärkellern von Wein und Most, wo CO_2 entsteht. Dieses kann abgesaugt und in Tanks verdichtet oder direkt kostengünstig in naheliegende Gewächshäuser geleitet werden.

In **Wien-Simmering** gibt es eine **Pilotanlage namens „ViennaGreen CO_2",** die sich mit der Abscheidung von CO_2 beschäftigt. Diese Anlage befindet sich am Standort des Kraftwerkes Simmering von **Wien Energie**.

Frage an ChatGPT zum Thema: Das „ViennaGreen CO_2"-Projekt konzentriert sich auf die Entwicklung innovativer und kostengünstiger Methoden zur CO_2-Abscheidung und -Nutzung (CCU). Unter der Leitung von TU Wien, der Universität für Bodenkultur (BOKU), Shell und weiteren Partnern zielt das Projekt darauf ab, CO_2 aus industriellen Abgasen abzuscheiden und in Bereichen wie der Landwirtschaft weiterzuverwenden.

Eine der wichtigsten Innovationen besteht in der Verwendung eines Wirbelschichtsystems, bei dem festes, mit Aminen beschichtetes Partikelmaterial CO_2 aus Abgasen abfängt, anstelle der herkömmlichen flüssigen Aminlösungen. Diese Methode reduziert den Energieverbrauch und die Kosten für die CO_2-Abscheidung um bis zu 25 % im Vergleich zu bestehenden Technologien.

Das abgeschiedene CO_2 kann beispielsweise als Düngemittel in Gewächshäusern eingesetzt werden, was zu einer nachhaltigeren Landwirtschaft beiträgt.

Die Pilotanlage in Simmering, Wien, hat bereits vielversprechende Ergebnisse gezeigt und erreicht eine Abscheideeffizienz von über 90 %. Sie wurde entwickelt, um bis zu eine Tonne CO_2 pro Tag aus einem Biomassekraftwerk zu separieren.

Hier sind einige Richtwerte:
Die Außenluft hat eine durchschnittliche CO_2-Konzentration von etwa **400 ppm**. In Innenräumen kann die CO_2-Konzentration aufgrund von Menschenansammlungen und schlechter Belüftung ansteigen.

Werte unter **1000 ppm** gelten als akzeptabel und beeinträchtigen die Gesundheit normalerweise nicht.

Bei **2000 ppm** kann möglicherweise eine leichte Beeinträchtigung bemerkbar sein.

Bei **5000 ppm** kann es zu Kopfschmerzen, Schwindel und Müdigkeit kommen.

Bei Werten **über 5000 ppm** können gesundheitliche Probleme auftreten.

Gewächshausbetreiber in den Niederlanden nutzen bereits seit fast zehn Jahren CO_2 aus der „Shell-Raffinerie Pernis", um das Wachstum ihrer Pflanzen zu beschleunigen.[1]

Eine Möglichkeit wäre, in der Nähe von Fabriken, welche viel CO_2 Ausstoß und viel Abwärme haben, Gewächshäuser zu bauen. Zum einen könnte die Wärme zum Heizen, das CO_2 zum Düngen und das Regenwasser der Fabrik und des Glashauses als Gießwasser verwendet werden.

Wenn das **CO_2 ein Abfallprodukt** zu einer Produktion verwendet wird, fällt diese auch zur **negativen Emission**.

Frage an Chat-GPT letztmalig am 09. 10. 2024: Wieviel des emittierten CO_2 entfällt auf eine Person?
Chat-GPT: (Stand 2022).

Der CO_2-Ausstoß pro Person variiert stark je nach Land, Lebensstil und wirtschaftlichen Faktoren.

Hier sind einige grobe Schätzungen für verschiedene Regionen:

- **Weltweit**: Durchschnittlich etwa 4,5 bis 5 Tonnen CO_2 pro Person und Jahr.

- **Industrieländer (z. B. USA, Deutschland)**: Zwischen 8 und 16 Tonnen CO_2 pro Person und Jahr.
- **Schwellenländer (z. B. China, Indien)**: Zwischen 4 und 8 Tonnen CO_2 pro Person und Jahr.
- **Entwicklungsländer**: Weniger als 2 Tonnen CO_2 pro Person und Jahr.

In Ländern wie den USA kann der Pro-Kopf-Ausstoß aufgrund von höherem Energieverbrauch und einem stärker motorisierten Lebensstil deutlich höher sein (oft über 15 Tonnen pro Jahr). Dagegen liegt er in ärmeren Ländern oder Ländern mit weniger industrialisierten Volkswirtschaften deutlich niedriger.

„Allein gespeichertes CO_2, welches wir mit den Nahrungsmitteln aufnehmen und mit unserer Atemluft wieder abgeben, sind dies, je nach Aktivität, 1 bis 5,5 kg CO_2 pro Tag.

Die **Forscher/innen sagen**, dass eine CO_2-Entnahme in jedem Fall nötig sein wird, um irgendwann CO_2-neutral zu leben. Aber ganz ohne Kohlendioxid-Emissionen wird die moderne Gesellschaft vermutlich nie auskommen. Um aber trotz dieser Restemissionen zur Klimaneutralität zu kommen, braucht es **negative Emissionen – in großer Menge**.“

Dass das Klima nicht kleinräumig zu regeln ist, haben uns die Hitzetage um den 6. bis 9. April gezeigt, als die heiße Luft mit dem Saharastaub aus Afrika zu uns kam. Dies hatten wir dem Tiefdruckgebiet über den britischen Inseln zu verdanken, welches die heiße Luft aus Afrika ansaugte.

Saharastaub

Wie könnte es möglich sein, nach den Vorgaben der NGOS die Klimaziele zu erreichen?

<u>**Eine Aufzählung aller von den NGOS erforderlichen Klimasündern**</u>:

1. **Keine Tierhaltung mehr.** Um keine umweltschädlichen Gase durch die Tierhaltung, wie Methan, zu emittieren, bräuchte man nur alle Rinder, Schafe und Ziegen, also alle Wiederkäuer, zu entfernen.
2. **Alle Feldfrüchte** könnte man **in Biogasanlagen** zu Biogas umwandeln und als erneuerbare Energie entweder ins Gasnetz einspeisen oder daraus Strom erzeugen.
   Die Bauern brauchen dann keine Kühe, Ziegen, Schafe, Hühner und Schweine mehr zu füttern, bräuchten nicht um 5

Uhr aufzustehen, um die Tiere zu versorgen, zu melken und hätten auch kein Risiko mehr, dass ein Tier krank wird oder verendet.

Die Landwirte bräuchten sich nur noch um die Maschinen für Anbau und Ernte zu kümmern und die Felder gut mit Kunstdünger zu versorgen, die Spritzmittel gegen Unkräuter und Insekten rechtzeitig auszubringen, um einen möglichst hohen Ertrag an Biomasse zu erzielen.

Weil keine Tiere vorhanden sind, haben sie auch keinen Mist und keine Gülle mehr, würden die Umwelt nicht mehr belasten und hätten mit der Bevölkerung auch keine Probleme mehr.

Die Almen könnten wieder mit Waldbäumen aufgeforstet oder der Natur überlassen werden.

Es würde auch kein klimaschädliches Methan mehr von den Wiederkäuern entstehen.

Für den Anbau und die Ernte der Felder durch die Maschinen würde eine geringe Menge an CO_2 entstehen, damit würde die Landwirtschaft mit der negativen Emission Spitzenreiter werden.

So könnte sich der Anteil der Landwirtschaft von derzeit, von den NGOs errechneten 11 % auf vielleicht 2-4 % der Emissionen reduzieren.

Landwirte werden für die negative Emission nach der CCS-Methode entlohnt. Sie entnehmen mit den Pflanzen der Felder und Wälder der Atmosphäre über die Photosynthese mehr CO_2 als sie emittieren.

Wir hätten dann vielleicht die Klimaziele erreicht, genug Strom und Biogas, aber keine Nahrungsmittel mehr, aber dies wäre auch kein Problem, denn von anderen Ländern könnten wir diese leicht importieren.

Die NGOs müssen uns dann nur mehr einige Fragen beantworten:

• Was essen wir dann?
• Beziehen wir die Nahrungsmittel aus dem Ausland?

- Ernähren wir uns dann „vegan"? Aber das Gemüse sollte ja auch zur Energiegewinnung verwendet werden
- Was machen dann die Biobauern, deren Produkte ebenfalls zur Energiegewinnung kommen?

Es bräuchte niemand mehr demonstrieren, sich auf der Straße festzukleben, dann hätten wir das Paradies auf Erden.

Mit diesen einschneidenden Maßnahmen würden wir vielleicht die vorgegebenen Klimaziele erreichen, aber da wir leben wollen, wird dies nicht möglich sein.

Ich habe diesen Teil „absichtlich" so „provokant" geschrieben.

Die fast 60 NGOs arbeiten dafür, um die Welt zu retten und dabei die Land- und Forstwirtschaft immer als Schuldige an den Pranger stellen.

Im Fernsehen des ORF bei einem Beitrag, wieviel Pestizide in der Landwirtschaft verwendet werden, wird ein Bauer, welcher auf einem unkrautfreien Acker mit seiner Feldspritze reines Wasser versprüht, oder ein gesunder Gebirgslärchenwald im Winter unter dem Titel „So stirbt Österreichs Wald" gezeigt.

In Schweden werden Naturwälder geschlägert und das Holz in eine Fabrik gebracht wird, um daraus Pappe als Verpackungsmaterial zu erzeugen (ZIB 13:00 Uhr am 2.6.24.). Hier haben Umweltschützer einen Waldbestand, welcher zur Schlägerung ausgezeigt wurde, gechipt, natürlich die stärksten Bäume. Es wurde dann der Holztransport verfolgt und dieser fuhr in eine Pappefabrik. Dies ist ganz selbstverständlich, dass das schlechte, krumme und auch stammfaule Holz in die Zellulose- oder Pappefabrik gebracht wird und nicht im Wald verbleibt.

Für den Ausstoß der Treibhausgase der Industrie wird meist im Fernsehen der Wasserdampf von den Kühltürmen der Atomkraftwerke oder den Schloten der Papierfabriken gezeigt.

Es geht immer nur um das CO_2 und es kommt mir vor, dass dies schon die ganze Welt glaubt.
Dabei hängt **unser ganzes Überleben von diesem Gas in der Atmosphäre ab.** Wir können nicht von einem Stück Kohle satt werden, sondern nur davon, dass der Kohlenstoff als Gas in der Luft als Kohlenstoffdioxid – CO_2 – war und über die Pflanzen zu den Tieren und als Nahrung zu uns kommt.

Das gleiche Problem könnte durch die Gewinnung von Wasserstoff mittels Elektrolyse aus Wasser entstehen, denn der Sauerstoff wird an die Atmosphäre abgegeben und könnte zu mehr Bränden führen.

Der Sauerstoff will und wird immer versuchen, sich mit anderen Elementen zu verbinden, egal ob es Häuser, Wälder oder reife Feldfrüchte sind.

Was würde passieren, wenn zum Beispiel der Sauerstoffgehalt der Luft um 1 bis 2 Prozent ansteigt? Ich habe dazu noch keinen Beitrag aus der Wissenschaft gelesen.

Auch würde es, ohne Brände, nur eine CO_2-Zufuhr von den Vulkanen, den wild lebenden Tieren und uns Menschen durch die Atmung geben.

In den Medien, ob TV oder Zeitungen erfährt man, dass sich „Wissenschaftlerinnen und Wissenschaftler mit den verschiedenen Formen der Dekarbonisierung auseinandersetzen, erforschen technische Möglichkeiten, ökonomische Machbarkeit und ökologische Folgen."

Kann man CO_2 abbauen?

Abbauen im Sinne von endgültigem Entfernen kann man CO_2 nicht. **Aber CO_2 kann umgewandelt werden,** etwa in kohlenstoffhaltige Materialien **wie in Pflanzenbestandteile durch die Photosynthese.**

Oder es kann chemisch mit anderen Stoffen reagieren und beispielsweise Kalkstein bilden – aber wie?

Das Ganze hat eine Ähnlichkeit mit dem Beispiel, wie sich die Katze im Kreis dreht, um sich in den Schwanz zu beißen.

Können wir gegen die Naturgesetze ankämpfen?

Ohne CO$_2$ in der Luft **gibt es keine Photosynthese,
ohne Photosynthese gibt es keine Pflanzen,
ohne Pflanzen gibt es keine Tiere und
ohne Pflanzen und Tiere gibt es keine Nahrung und
ohne Nahrung gibt es auch keine Menschen.**

Wir Menschen müssen dieses Naturgesetz zur Kenntnis nehmen, denn jedes Ankämpfen dagegen endet in der Erfolglosigkeit.

Es muss unser Ziel sein, nicht mehr CO$_2$ zu emittieren als unsere Pflanzenwelt über die Photosynthese der Luft entnehmen kann.

Deshalb kann man über die Klimaneutralität noch Jahre debattieren, viele Schuldige zu Strafzahlungen verdonnern, manche Wirtschaftszweige umbringen, Ernteerträge verringern, Lebensmittel verteuern, wertvolles Stammholz im Wald der Fäulnis überlassen, viel Geld vergeuden und dies alles, um die Welt zu verändern, indem man eine neue Religion, den Klimaschutz zum Allerheiligsten erklärt.

<u>Im Nachfolgenden einige Berichte von Organisationen und Verbänden:</u>

Der Weltklimarat schlägt vor, dass „**Eine Milliarde Hektar zusätzlicher Wald** könnte angeblich zwei Drittel aller Treibhausgase aufnehmen, die die Menschheit, seit Beginn des Industriezeitalters, in die Atmosphäre geblasen hat, lautete die frohe Botschaft im Sommer 2019.

So viel ist es wohl nicht, aber auch Prof. Julia Pongratz, Geologin an der Ludwig-Maximillian-Universität in München, sieht in der Aufforstung großes Potenzial zur CO_2-Entnahme:
  8 Millionen Quadratkilometer (Österreich hat 84.000 km^2) neuen Waldes (das entspricht 800 Millionen Hektar) wären nach Berechnungen ihres Instituts (bei 10 Vfm/ha Zuwachs) in der Lage, Jahr für Jahr etwa 8 Milliarden Tonnen Kohlendioxid aufzunehmen und zu speichern.

Neue Waldflächen in der Größenordnung von 800 Millionen Hektar würden sicher davon einen großen Teil übernehmen."

So lautet der Bericht des Weltklimarates IPCC:
„10 bis 20 Milliarden Tonnen Kohlendioxid (oder Äquivalente) werden wir zukünftig vermutlich jährlich aus der Atmosphäre entnehmen müssen, um die Klimaziele zu erreichen, um wirklich CO_2-neutral zu leben."

So wurde es für 2021/2022 in einem Vortrag skizziert.
„Ein weiterer Vorteil dieser Dekarbonisierungsmethode: Aufforstung ist keine neue Technologie und birgt keine unbekannten Risiken, sondern ist etwas, womit wir bereits viel Erfahrung haben, so die Geologin Pongratz.
  Ergänzung von mir: Allerdings nur, wenn dieser große Wald erhalten bleibt und auch in 200 Jahren noch ein „neuer" Wald ist, in dem junge Bäume heranwachsen. **Denn Bäume entnehmen nur so lange CO_2 aus der Luft, solange sie wachsen und grüne Blätter oder Nadeln haben.** Sobald ein Laubbaum wegen Trockenheit die Blätter verfärbt, findet keine Photosynthese mehr statt.

Wenn der Baum abstirbt, verrottet oder verbrannt wird, **entlässt er wieder alles Kohlendioxid, welches er einmal gespeichert hat** an die Atmosphäre.

Nur Holz, welches weiterverwendet wird, als Bauholz oder als Möbel, bindet auf die Dauer der Verwendung CO_2.

Klimawald statt umweltschonender Landwirtschaft – ist es eine Alternative?

*Dieser Klimaschutz-Wald ist sehr groß. **8 Millionen Quadratkilometer (800 Mill. ha) entsprechen** etwa **der Hälfte der landwirtschaftlich genutzten Fläche weltweit**. Bis diese Flächen in der Lage sind, so wie dargestellt, dauert es 20 bis 40 Jahre, je nach ausgewählten Baumarten.*

Werden diese Flächen angekauft oder einfach enteignet?

*Die Folge von mehr Wäldern für die CO_2-Entnahme könnte also sein, dass **zukünftig immer mehr Nahrung** für eine weiterhin **wachsende Weltbevölkerung** auf immer **kleinerer Fläche angebaut werden muss** und dafür der Einsatz von Dünger und Pestiziden zunimmt.*

Aber auch mehr CO_2 muss in der Atmosphäre sein, um genügend Nahrungsmittel zu produzieren. Deshalb braucht man in Gewächshäusern 600 bis 1600 ppm CO_2, um für die Photosynthese genügend Kohlendioxyd (CO_2) zu haben."

Von mir: Also, die Katze dreht sich im Kreis!

Auch mehr Monokulturen würden entstehen und es gäbe weniger Kleinbauern.

*Die **Artenvielfalt** außerhalb des Waldes nimmt weiter ab.*

***Der Weltklimarat** gibt mit solchen Forderungen nur eine Berechnung am Papier aus, hat aber keine Vorschläge, von wo die Flächen kommen sollten und wer die Kosten der Aufforstungen übernimmt.*

<u>Von mir</u> **eine Kostenaufstellung:**

Aufforstung je Hektar	ca. 8 000,– €/ha
Pflege der Kultur 5 Jahre hindurch, jährlich 400,– €/ha sind	ca. 2 000,– €/ha
Bestandspflege, nicht kostendeckend – 30 Jahre – Summe	ca. 5 000,– €/ha

40 Jahre hindurch keine Einnahmen.
Jeder Bauer würde Haus und Hof verlieren.

Bei unserer Fahrt der Forstexkursion in Kanada von Quebec nach Montreal sahen wir einen ehemaligen Ahornwald. Die Stöcke haben wider ausgetrieben und dadurch entsteht ein Ausschlagwald. Wir Forstleute im Autobus haben darüber diskutiert. Jemand sagte, **wenn mir jemand 1.000 ha schenken würde, er würde so schnell und so weit davonlaufen, wie es nur geht.**

Was kann der einzelne Waldbesitzer wirklich zur Erreichung der Klimaziele beitragen?

Für das Klima sind Nadelhölzer von Vorteil, weil sie im Frühjahr, sobald die warme Witterung einsetzt, mit der Assimilation beginnen können. Laubhölzer müssen erst Blätter bilden und können die Winterfeuchte nicht mehr ausnutzen. Bei langer Trockenheit im Sommer verfärben oft schon im August die Blätter und die Bäume stellen das Wachstum ein. Es können die Wurzeln nicht mehr mit Nährstoffen versorgt werden und sterben ab. Es kommt zur Asttrocknis in der Krone. Geschieht diese Sommertrockenheit mehrere Jahre hindurch, so sterben die Wurzeln dieser Bäume ab.

CO$_2$ Produktion durch den Menschen
Inhalte aus Wikipedia CiK Solutions GmbH https://www.cik-solutions.com › co2-im-innenraum 12. 10. 2024
https://www.fortomorrow.eu/de/blog/co2-ausstoss-pro-kopf?mtm_campaign=co2-ausstoss-pro-kopf&mtm_kwd=20230307&mtm_source=google-ads&mtm_medium=google-ads&mtm_content=option-2&gad_source=1&gclid=CjwKCAjwvKi4BhABEiwAH2gcw6ebnevNVPgx8N9doByXnXmNlaEcoRPuRskHuSr9Jh

ZkVKpoWJTTRhoCM9UQAvD_BwE (letztmalig die aktualisierte Form 12. 10. 2024)

Wie viel CO_2 produziert ein Mensch durch Atmen?
Der Mensch atmet pro Tag ungefähr ein Kilogramm CO_2 aus. Je nach Aktivität und Körpergewicht schwankt dieser Wert zwischen 0,5 und 5,5 Kilogramm. Doch dieses CO_2 trägt nicht zum Klimawandel bei. Denn unsere Atmung ist Teil des natürlichen Kohlenstoffkreislaufs und erhöht nicht die CO_2-Konzentration in der Atmosphäre.
Ich finde, dass auch unsere Atemluft zur Emission zählt. Nach obiger Berechnung ist ein Mittelwert von 3 kg pro Tag anzunehmen. Pro Jahr ergibt dies 1.100 kg.
Bei 9 Milliarden Menschen auf der Welt sind dies 10 Mio. Tonnen CO_2 pro Jahr.
Durch die Luftbewegungen wird das emittierte CO_2 so vermischt, dass der Ursprung nicht mehr feststellbar ist. Wenn im Winter der Schnee in den Alpen vom Saharasand eine braune Staubschicht bekommt, so wird auch von uns die CO_2 angereicherte Luft in die Wüste gelangen.

2/3 der Fläche auf der Erde ist mit den Ozeanen bedeckt. Hier leben dauerhaft keine Menschen und es können dort auch keine vom Menschen gemachten Treibhausgase, außer der Schifffahrt, geben.
Deshalb muss das CO_2 von der Landmasse durch die Luftbewegungen auch über die Ozeane gebracht werden.
Die Pflanzen im Wasser und das Plankton brauchen zum Wachstum die Photosynthese und CO_2.
Die Lebewesen, vom tierischen Plankton bis zum Wal, brauchen, wenn auch über Zwischenstationen, sehr viel Nahrung. Alle Tiere im Wasser, wie die Fische und Meeressäugetiere, ernähren sich vom Zooplankton.

Meere schlucken ein Drittel des CO_2
wissenschaft.de https://www.wissenschaft.de › erde-umwelt › wie-viel-c... 15.03.2019 – Meere schlucken ein Drittel des anthropogenen CO_2.

Nach diesen Angaben würde auch ein Drittel des in Österreich emittierten Kohlenstoffdioxids CO_2 auch bei jenem Drittel dabei sein. Da wir aber rund 60 Mio. Tonnen über die Photosynthese aus der Atmosphäre durch die Bewirtschaftung der Wälder und landwirtschaftlichen Flächen zurückgewinnen, hätten wir ein Guthaben von 8 Mio. Tonnen CO_2 pro Jahr. *(So die Milchmädchenrechnung von mir)*

Das Ergebnis: Die Ozeane haben von 1994 bis 2007 rund 34 Milliarden Tonnen Kohlenstoff aus anthropogenen Emissionen aufgenommen. „Das entspricht einer durchschnittlichen Aufnahme von rund 2,6 Gigatonnen pro Jahr und repräsentiert 31 Prozent der gesamten menschengemachten CO_2-Emissionen in diesem Zeitraum", berichten Gruber und sein Team. Das bedeutet: obwohl die Emissionen und die atmosphärischen CO_2-Werte seit den früheren Messungen deutlich zugenommen haben, haben die Ozeane Schritt gehalten. Der prozentuale Anteil, den das Meerwasser absorbiert, ist gleichgeblieben – bei rund einem Drittel. (aus Wikipedia)

Dr. Michael Bilharz (Deutsches Umweltbundesamt): „Der deutsche Pro-Kopf-Ausstoß an CO_2 liegt bei rund 11,6 Tonnen und damit deutlich über dem Weltdurchschnitt, aber auch noch deutlich über dem EU-Wert von 8 bis 9 Tonnen CO_2 pro Person und Jahr, Stand 2019." Von Österreich gibt es keine Einträge.

Bei allen Berechnungen und den Verursachern sind die Menschen schuld. Da aber niemand darauf einen Einfluss nehmen kann, auch wenn es noch so viele Kriege und Seuchen gibt, wird die Weltbevölkerung noch weiter steigen. In Ländern, wo die Bevölkerung schrumpft, braucht man eine Zuwanderung, um den erarbeiteten Wohlstand zu sichern. Dabei muss auch die Nahrungsmittelproduktion Schritt halten.

Unser Ziel muss sein, möglichst viel CO_2 aus der Luft zurückzugewinnen. Dies geschieht nur über die Photosynthese und der Wind verteilt den gewonnenen Sauerstoff auch wieder in die Emissionsgebiete.

Speicherung von CO$_2$

Bedeutende Böden für die Kohlenstoffspeicherung

1. Unsere Moore

Einige Böden sind besonders wertvolle Kohlenstoffspeicher.
Dazu zählen unter anderem Moore:
Der NABU-Naturschutzbund Deutschlands bezeichnet
sie als die effektivsten Kohlenstoffspeicher an Land. Moore sind
während der letzten Eiszeit entstanden.

Weil sie unter Wasser stehen, konnten die abgestorbenen
Pflanzenreste nicht wie sonst verrotten, sondern bildeten unter Sauerstoffausschluss Torf. Beim Verrotten ohne Sauerstoff
entstand und entsteht noch immer eine nicht unwesentliche
Menge Methan.

Im Untergrund vom Moor ist vielfach eine Tegelschicht oder
Gley und es staut sich in dieser Grube das Niederschlagswasser.
Häufig befindet sich dort eine Quelle. Durch die Jahrhunderte
oder Jahrtausende hindurch haben sich auf dem nährstoffarmen
Boden im Wasser schwimmenden Moose, meist das Torfmoos
(**Sphagnum** Arten, auch **Bleichmoose**), entwickelt. Wenn durch
Übereifer das abfließende Wasser gestaut wird, wird der Wasserspiegel zwar angehoben, aber die Moosteile, welche unter Wasser gesetzt werden, sterben ab. Leider entstehen bei der Verrottung der Moose ohne Sauerstoff die klimaschädlichen Gase wie
Methan (CH$_4$) und **Lachgas (N$_2$O),** welche freigesetzt werden.
Der Zuwachs des Moores wird durch den Wasserstau gehemmt.

In meiner Heimatgemeinde befinden sich viele Moore, die
meisten entlang der Linie wo Granit und Gneis zusammenkommen. Eines davon, in Spielberg, mit einer Fläche von ungefähr 22 ha. Nach dem Ersten Weltkrieg begann dort der
Torfabbau. Als wir in der Schule vom Torf lernten, habe ich
von dort zwei Torfziegel als Lehrmittel mitgenommen, weil
meine Tante im und nach dem Krieg dort arbeiten musste.
Ich sah eine ca. 6 m hohe Wand, aus der in Stufen mit einem

ca. 40 cm langen und 12 cm breiten Spaten, welcher an den Seiten ca. 8 cm hohe Seitenteile hatte, mit denen der Torf aus der Wand gestochen wurde.

Diese Torfziegel wurden auf einen Wagen gelegt, welcher auf den Geleisen einer Feldbahn lief. Im „Torfstich" hatte der Torf unterhalb des Abraumes ca. 2,5 m eine bräunliche Färbung, wo man noch das Moos erkennen konnte. Darunter war der Torf schwarz und hatte eine einheitliche Struktur.

Dieser schwarze Torf kann auch zum Heizen verwendet werden, was wahrscheinlich während des Krieges auch gemacht wurde. Auf Island und auch in Schottland habe ich gesehen, dass man damit geheizt hat. In Schottland hat der Whisky vom Torf deshalb eine besondere rauchige Note.

Seit ungefähr 40 Jahren wird in Spielberg kein Torf mehr abgebaut und das ganze Moor wurde unter Naturschutz gestellt.

In diesem Gebiet gab es noch bis Ende der 60er Jahre sehr viel Birkwild, denn dort gab es im Moorgebiet viele Ameisenhaufen und auch viele Heidel- und Preiselbeerstauden. Die trockenen Früchte dienen ihnen im Winter als Nahrung und die Ameisenpuppen brauchen die Küken als Nahrung.

An einer anderen Stelle in der Gemeinde wird noch Torf als „Heilmoor" abgebaut und im nahegelegenen Moorbad, Bad Traunstein, verwendet. Dieser Torf muss aber nach den Anwendungen wiederum ins Moor zurückgegeben werden.

Moore könnte man auch als Kohlenlager an der Erdoberfläche bezeichnen.

Ich habe im Fernsehen, ORF-NÖ-heute einmal gesehen, dass mit Lärchenbrettern das Wasser aufgestaut wurde, um das Moor zu retten.

In meiner Heimat, im Waldviertel, gibt es viele Moore. Manche haben noch eine Schwimmdecke, wo die Torfbildung noch nicht abgeschlossen ist.

Wir haben als Kinder oft gespielt, wer sich am weitesten zur Mitte hin vorwagte. Auch haben wir die Schwimmdecke geschaukelt.

Es gibt auch viele Sagen um diese Moore. Bei einem „G'moos" soll ein Pferdefuhrwerk samt Wagen und Mensch versunken sein. Zu diesem Moor haben wir uns nicht mehr hin getraut.

Die Oberfläche eines Moores ist immer gewölbt, deren Ursache ich nicht kenne.

Es gibt auch Moorwiesen, wo die Moorerde eine Mächtigkeit von einigen Metern hat. Die Moorerde ist ganz fein und vollkommen schwarz und immer etwas feucht. Der landwirtschaftliche Ertrag auf solchen Böden ist sehr gering, weil der Torf nur aus Humus besteht und keine Nährstoffe enthält. Das Gras ist sehr kurz und steif geblieben und man nannte dieses Gras „Bürstling", weil es sich beim Mähen mit der Sense oft umgebogen hat. Wir hatten bei der elterlichen Landwirtschaft eine solche Moorwiese.

Beim Neubau des Wohnhauses 1948, wurde der Keller ausgegraben. Das sandige Material des verwitterten Granits („Flins" genannt) wurde auf dieser Wiese ganz dünn aufgebracht. Im darauffolgenden Jahr wuchsen auf dieser Fläche viele andere Gräser und sogar auch Disteln. Nach einigen Jahren war dieser Effekt nicht mehr vorhanden.

Jetzt ist diese Wiese eine geschützte „Trockenrasenfläche".

Ein intaktes Moor wächst circa einen Millimeter pro Jahr. Laut NABU binden die Moore weltweit ein Drittel des Kohlenstoffs an Land, obwohl sie nur eine Fläche von drei Prozent insgesamt einnehmen.

Torf kommt fast nur noch aus dem Ausland. Bei der Anlage von Heidelbeerkulturen oder Rhododendronhecken braucht man einen sauren Torf, sonst gedeihen diese Pflanzen nicht.

In Gärtnereien wird Torf mit mineralischer Erde vermischt und gelangt so als Blumenerde in den Handel.

Bei der Produktion von Topfpflanzen wird meist der Torf aus den oberen Schichten vom Moor verwendet. Der Torf ist reiner

Humus und dient der Wasserhaltefähigkeit im Boden und bewirkt damit eine Ertragssteigerung.

Ein Moor ist sehr sensibel und wenn es bis jetzt schützenswert erhalten blieb, so wird auch in Zukunft niemand daran Interesse haben, dort etwas zu verändern. Wenn man glaubt, durch Aufstauen des Wassers macht man etwas für den Naturschutz, so kann es passieren, dass dadurch die Entwicklung eines Moores um Jahrzehnte, wenn nicht gar um Jahrhunderte zurückgeworfen wird.

Die Grundeigentümer werden sich freuen, wenn sie für die „Unterschutzstellung" dieser Flächen vom Naturschutz Geld bekommen würden.

Sollte tatsächlich aufgestaut werden müssen, so eignet sich das Holz der Weißtanne (Abies alba) besser.

Im Wasserbau wurde immer schon das Holz der Weißtanne verwendet. Für eine Absperrung oder Auskleidung des Vorfluters bei Mühlen und auch die Wasserräder wurden immer aus Tannenholz gefertigt. Für die Spindeln der Wasserräder wurde das Holz der Eiben verwendet. Unter Wasser hält Tannenholz über Jahrhunderte.

In Holland hat man nach dem Krieg, Anfang der 50er Jahre, als eine Sturmflut weite Landesteile überschwemmte, einen Damm gebaut. Es wurden im Waldviertel alte und dicke Tannen unter dem Namen „Hollandbohlen" gekauft. Diese Stämme mussten 14 m lang sein und einen Zopfdurchmesser von mindestens 40 cm haben. Diese Bohlen wurden mit einer Blockbandsäge an zwei Seiten der unteren Hälfte im Stammbereich zugeschnitten.

Es wurde erzählt, dass diese mit dem schwächeren Ende in den Meeresboden gerammt und mit Dünensand hinterfüllt wurden.

Durch das Abschmelzen des Pasterzen-Gletschers am Großglockner wurde ein dicker Stamm einer Tanne freigelegt.

Dieser Stamm hat unter Luftausschluss vielleicht Jahrtausende als Holz überstanden.

2. _Permafrostböden_ haben für die Kohlenstoffspeicherung eine große Bedeutung.

Aus Wikipedia:

https://de.wikipedia.org › wiki › Permafrost „Permafrostböden finden sich in der Tundra im hohen Norden. Es sind Moore von unterschiedlicher Mächtigkeit, je nach Beschaffenheit des Untergrundes, welche dauerhaft gefroren sind. Nur im Sommer taut die obere Bodenschicht auf, so können kleine Bäume und Sträucher, welche mit einer kurzen Vegetationszeit auskommen und auch auf Rohhumusböden noch wachsen können.

Einem Bericht der deutschen Bundesregierung zufolge fanden Forscher heraus, dass in den dauergefrorenen Böden 1300 Milliarden Tonnen Kohlenstoff gespeichert sind. Würde dieser, im Permafrost gespeicherte Kohlenstoff freigesetzt, so würde er sich mit Sauerstoff zu 3.900 Milliarden Tonnen CO_2 verbinden, was zu einer Katastrophe führen würde.

Wenn der Permafrost auftaut, fangen die Mikroorganismen zu arbeiten an und setzen dabei große Mengen an CO_2 und Methan frei. Die freigesetzten Gase könnten die globale Durchschnittstemperatur um weitere 0,3 Grad Celsius steigen lassen."

Frage an Chat-GPT: Durch das Abschmelzen der Pasterze wurde ein mächtiger Baum freigelegt. Wäre es nicht vorstellbar, dass dieser Baum einmal dort gewachsen ist und die Pasterze erst später ein Gletscher wurde?

Antwort von Chat-GPT:

„Ja, die Vorstellung, dass der Baum einmal an Ort und Stelle gewachsen ist, bevor die Pasterze zum Gletscher wurde, ist durchaus plausibel und wird durch die geologische und klimatische Geschichte der Region unterstützt.

Die Zeit von Ötzi, dem ‚Eismann' (ca. 3300 v. Chr.), war eine Periode, in der das Klima bereits deutlich milder war als während der letzten Eiszeit. Zu dieser Zeit waren die Alpenregionen überwiegend von Wiesen und vereinzelten Wäldern bedeckt. In dieser Periode könnte es möglich gewesen sein, dass das Gebiet der Pasterze und Die umliegenden Gebiete tatsächlich noch keine Gletscher waren, sondern von Vegetation wie Almwiesen oder kleinen Wäldern bedeckt waren.

Es ist auch vorstellbar, dass der Baum einmal in der Region ge-
wachsen ist, bevor die Pasterze ein Gletscher wurde. Dies würde
bedeuten, dass die Pasterze und die umliegenden Gebiete in der Ver-
gangenheit klimatische Bedingungen erlebten, die für das Wachstum
von Bäumen geeignet waren."

Meine Erklärung dazu: Diese sehr starke Tanne könnte durch Er-
eignisse in einem See gelandet sein und man weiß, dass Weißtannen
(Abies alba) unter Wasser nicht verfaulen. Vielleicht ist dann, nach
Jahrtausenden, dort erst die Vereisung eingetreten.

Beim Bau der Donaukraftwerke ist man auf riesige Eichenstämme
gestoßen. Ein Besitzer eines Furnierwerkes im Dunkelsteinerwald hat
diese gekauft und verarbeitet. Die Eichenfurniere haben eine dunkle,
oft übergehend eine schwarze Färbung. Diese Furniere wurden unter
dem Namen „Mooreiche" in den Handel gebracht.

Der Volksaltar der Pfarrkirche in Gansbach wurde aus Mooreiche
gefertigt und furniert.

3. Terra Preta
Terra Preta zum Binden von Kohlenstoff

Kürzlich hat sich für Wissenschaftler eine neue, vielversprechende
*Möglichkeit aufgetan, um Kohlenstoff zu speichern: **Terra Preta**.*
Vor einiger Zeit entdeckten sie die „nährstoffreiche" Schwarzerde
im Amazonas-Regenwald. Lange war der Prozess, wie Terra Preta
entsteht, ungeklärt.

Meine Meinung zum Thema: Wäre es vielleicht denkbar, dass
an diesen Stellen vor einigen hundert Jahren dort **Holzkohle
produziert** wurde?

Im 19. Jahrhundert herrschte im Amazonasgebiet der Kau-
tschukboom.

Die Einwanderer damals mussten sich einen Unterschlupf
bauen, kleine Felder anlegen und haben auch Werkzeuge zur
Gewinnung des Kautschuks angefertigt.

Es könnte Schmieden gegeben haben, welche die Holzkohle zur
Erzeugung und Instandhaltung dieser Werkzeuge verwendet haben.

Auch zur Fällung des Brasilholzes, des Bauholzes und der
Holzkohle brauchte man Sägen und Äxte.

Auch könnte die Holzkohle auf den Flüssen abtransportiert und an die Metallgewinnung und Zuckerproduktion verkauft worden sein.

Kleinteile von Holzkohle und Kohlenstaub blieben an Ort und Stelle liegen und wurden von Pflanzen überwachsen. Diesen Kohlestaub aus Pflanzenkohle (Holzkohle) wird jetzt „Terra Preta" genannt.

Bei meinen Anfängen in meinem Beruf kamen wir bei einem Forststraßenbau über eine Fläche, wo eine meterhohe Schicht mit schwarzer Erde war. Da wir beim neuen Forsthaus gerade bei der Anlage der Rasenflächen und des Gartens waren, verwendeten wir diese schwarze Erde, in der Meinung, dass dies alles Humuserde sei.

Zu unserer Enttäuschung mussten wir sehen, dass der angebaute Rasen ganz spärlich aufwuchs und im Garten das Gemüse kümmerte. Dann erst kamen wir darauf, dass die Erde für den Garten unbrauchbar war und von einer ehemaligen „Kohlstat" stammte, auf der vor vielen Jahrzehnten einmal Holzkohle „geköhlt" wurde. Wir mussten den Großteil der Erde wieder auswechseln.

Terra Preta *ist eine stark kohlenstoffhaltige Erde, sie wird unter Ausschluss von Luft mithilfe von Grünabfällen und Pflanzenkohle hergestellt.*

Die Pflanzenkohle besteht zum größten Teil aus reinem Kohlenstoff, der für Mikroorganismen nur schwer abbaubar (tot) ist. Durch Terra Preta können wir also eine Art Dauerhumus bilden, in dem der Kohlenstoff für eine lange Zeit gebunden bleibt. (Man könnte aber diese schwarze Erde – Terra Preta – auch gleich an Ort und Stelle belassen.)

Die bekannteste Pflanzenkohle ist die Holzkohle. Diese wurde in kohlearmen Ländern zum Schmelzen von Erzen und zur Bearbeitung von Metallen verwendet. Später wurde sie von der Stein- und Braunkohle abgelöst. Bei der Erzeugung dieser Holzkohle entweicht aus dem Kohlenmeiler eine, nicht unwesentliche Menge an CO_2.

Terra Preta könnte man von Köhlern kaufen, welche sich über eine zusätzliche Einnahmequelle freuen würden.

4. Wälder als Kohlenstoffspeicher

*„Wälder bedecken weltweit ungefähr 30 Prozent unserer Landober-
fläche. Insgesamt speichern alle Pflanzen weltweit 700 Milliarden
Tonnen Kohlenstoff", so die Autoren des Buches.*

Der **WWF berichtet**, *dass Tropische-Regenwälder sogar nochmal
50 Prozent mehr Kohlenstoff speichern als andere Wälder aufgrund
ihres großen Biomasse-Vorrats.*

Die Holzmasse kann in diesen Wäldern durch eine höhere
Baumlänge vielleicht größer sein, aber es gibt dort wegen der
Termiten, welche alle Pflanzenteile, die nicht mit dem Baum in
Verbindung sind, fressen. Wegen der hohen Niederschläge zer-
setzen oder verfaulen Blätter und Holzteile rasch, dass darin
gebundene CO_2 entweicht und steht den Bäumen für die Photosynthese zum Wachstum wiederum zur Verfügung.

Es kann sich, infolge der Niederschläge und der Wärme, kein
Humus bilden. Damit der große Regenwald genügend CO_2 für
das Wachstum zur Verfügung hat, muss es durch Sturm und
Wind dorthin verfrachtet werden.

*Und der WWF weist noch auf eine weitere wichtige Funk-
tion von Wäldern hin: Wälder fungieren als riesige Klima-
anlagen auf der Erde. Sie wirken am Wasserkreislauf mit,
indem sie durch die Sonne Wasser verdunsten und durch die
Wolken so die Atmosphäre kühlen.*

Hier möchte ich noch ergänzen und aufklären:
Die Verdunstung der Feuchtigkeit hält den Saftstrom im Baum
aufrecht.

Die Verdunstung des Wassers der Bäume erfolgt, so wie der
Blutkreislauf im Körper, von den Wurzeln bis zu den Blättern,
wie durch Arterien und Venen.

Es gibt einen aufsteigenden und einen absteigenden Saftstrom. Der aufsteigende Saftstrom verläuft durch den Holzteil
eines Stammes. Dieser Saftstrom transportiert die aus der Erde
gelösten Nährsalze nach oben zu den Blättern, wo sie im Chlorophyll der Blattzellen und Unter Zuhilfenahme von Sonnenlicht
zu Glucose (Photosynthese) umgewandelt werden (Energiege-

winnung und -umwandlung). Diese und andere sogenannte Assimilate gelangen dann durch den Bastteil (Schicht unter der Borke) wieder zurück zu den Wurzeln. Zwischen Holz und Bast befindet sich die dünne Schicht, das Kambium, wo die Zellteilung stattfindet. Als Kambium wird die dünne Schicht zwischen Rinde und Holz bezeichnet, wo der Dickenzuwachs des Baumes durch die Bildung neuer Holzzellen nach innen und neuer Rindenzellen nach außen stattfindet.

Dazu kommt noch die besondere Bedeutung von Pflanzen insgesamt: Durch die Photosynthese sind sie die einzigen Lebewesen, die das CO_2 auch wieder aus der Luft filtern können und daraus Glukose bilden.

5. Pilze im Waldboden – ein wichtiges Ökosystem

Im Waldboden ist ein, wenn auch nicht sichtbares, wichtiges Ökosystem, die Mykorrhiza-Pilze. Über diese habe ich schon in vorigen Artikeln geschrieben.

Das **größte Lebewesen der Welt**, der dunkle Hallimasch, befindet sich im US-Bundesstaat Oregon. Sein unterirdisches Pilzgeflecht (DNA geprüft) erstreckt sich über eine Fläche von 9 km^2 und soll insgesamt 400-600 Tonnen wiegen. Dieser dunkle Hallimasch kommt auch in Europa vor.

Die Kohlenstoffspeicherung wird im Regenwald und Urwald oft überschätzt. Vielfach fehlt dort das CO_2, um einen größeren Zuwachs zu erreichen. Im Wirtschaftswald stockt eine größere Holzmasse als im Natur- oder Urwald. Die Stammholzmasse ist im Nadelwald vielfach höher als im Laubwald. Es ist schwierig, sich zwischen Speicherung von Kohlenstoff oder Biodiversität zu entscheiden.

Im Biosphärenpark im Wienerwald habe ich gesehen, wie einige Windwürfe von Buchen nicht aufgearbeitet werden dürfen, denn die Insekten brauchen Totholz. Auch im Wasserschutzgebiet in den Wildalpen wurden Windwürfe aufgearbeitet, entrindet und blieben, für die Verrottung und für die Käfer, welche das oft mehrere Jahre dauernde Larvenstadium im Holz verbringen, liegen. Durch die Fäulnis entsteht Wiederum jene Menge an CO_2, welche schon einmal gespeichert war.

Auch kann sich im Regenwald, wie wir auf Borneo, im Bundes-staat Sabah und Sarawak, sehen konnten, keine Humusschicht bilden, weil alle organischen Teile, wie Blätter und Äste, sofort von den Termiten verzehrt werden.

6. Kohlenstoffspeicherung im Meer
Aber nicht nur an Land werden große Mengen an Kohlenstoff gespeichert.

Tief im Ozean sind gewaltige Mengen CO_2 gelöst.

Laut Naturschutzbund Deutschlands (NABU) nehmen unsere Ozeane weltweit den meisten Kohlenstoff überhaupt auf. Außerdem liefern sie 50 Prozent des Sauerstoffs auf der Erde.

Da sich CO_2 meist in Bodennähe befindet kommt durch die Wellenbewegung die Luft und damit auch das CO_2 in das Wasser. Die Atmosphäre übt auf die Erdoberfläche einen Druck von ca. 14 Tonnen pro m^2 aus. Die Wasserpflanzen und auch Phytoplankton entnehmen dem Wasser das CO_2 und über die Photosynthese speichern sie den Kohlenstoff und geben den Sauerstoff ab, welchen die Tiere im Wasser über die Kiemen aufnehmen.

Durch die Verbindung von $CO_2 + H_2O$ entsteht H_2CO_3, also eine (kohlensäurehaltige) Säure. Diese Säure neutralisiert Sich mit dem Calcium, welches wiederum von den Krustentieren und Korallen zum Aufbau ihrer Skelette, Schalen und Panzer dient.

Man kann oft lesen, dass die Strände verschmutzt werden, weil Seetang und Algen angeschwemmt werden. Dies ist vielleicht ein Grund, weil so viel CO_2 in der Luft ist und das Phytoplankton und die Algen, welche im Wasser schwimmen, und die Seegräser und der Tang, welche am Meerboden wachsen, nehmen das CO_2 auf und über die Photosynthese wandeln sie es in organische Verbindungen um.

Je wärmer das Meer ist, desto schlechter ist die Aufnahme von CO_2.

Wir hören oft vom „El Niño", welcher periodisch auf der südlichen Erdhälfte vorkommt. Die Fischer beklagen geringere Fischbestände und können deshalb weniger fangen. Obwohl sich die durchschnittliche Meerestemperatur von 14,5 °C auf 15,5 °C, also um 1 Grad erwärmt, ist die Aufnahme von CO_2 im Plankton über die Photosynthese *geringer und es gibt daher weniger Futter für die Fische und daher niedrigere Fangquoten.*

Das im Wasser gelöste CO_2 wird auch durch die Meeresströmungen mit in die Tiefe des Ozeans transportiert, wo es lange Zeit verweilt.

Wenn sich viel CO_2 und Wasser bindet, entsteht Kohlensäure und es kommt zur Versauerung der Ozeane. Dies lässt einerseits einen Rückschluss auf die hohen Emissionen und andererseits auf die Verfrachtung des CO_2s durch den Wind über große Entfernungen hin zu.

7. Fossile Kohlenstoffspeicher
Vom Kohlenstoff der Erde ist die Hauptmenge von 99 % im Gestein, hier wiederum im Kalkstein und Grafit, gespeichert.

*Der Rest wiederum ist größtenteils in fossiler Form in **fossilen Kohlenstoffspeichern gespeichert:***

- **Kohle**
- **Erdöl**
- **Erdgas**
- **Methaneis** (Methanhydrat)

Dieses Methaneis wurde Anfang der 1960er Jahre erstmals im Schwarzen Meer, unterhalb von 600 m entdeckt. Seit den 1980er Jahren weiß man, dass dies auch an den Küstenabhängen in den nördlichen Meeresgebieten vorkommt. Ich habe auch gelesen, dass es so viel Methaneis gibt, welches Kohlenstoff gespeichert hat, wie alle Vorkommen von Kohle, Öl und Gas zusammen.

Man kann auch die fossilen Brennstoffe wie Kohle, Erdöl, Erdgas und Methaneis als eine Art Kohlenstoffspeicher bezeichnen: Bei den Rohstoffen handelt es sich um nichts anderes als organische Reste von Pflanzen, die schon, bevor es den Menschen überhaupt gab, umgewandelt wurden und seitdem als gespeicherter Kohlenstoff in der Erde ruhen.

Anfangs war man sehr misstrauisch gegenüber diesem neuen Brennmaterial, wie man in der Chronik von Thallern, Bezirk Krems, lesen kann. Beim Graben eines Brunnens, Mitte 18. Jahrhundert, wurde von einem schlesischen Arbeiter Braunkohle gefunden. Es wurden sogar Prämien ausbezahlt, wenn es jemandem gelungen ist, Personen aus der Bevölkerung zum Verheizen von den schwarzen Steinen zu überzeugen. Der Kohlebergbau wurde dort 1922 eingestellt.

Die natürliche Emission erfolgt, ohne gewolltes Zutun und Nutzung des Menschen, bei Vulkanausbrüchen, wo kohlenstoffhaltige Gesteinsschichten geschmolzen werden. Ebenso bei Wald- und Buschbränden, durch Verrotten und Verfaulen von organischen Substanzen gelangt ein großer Teil in die Atmosphäre.

Mit der Nutzung durch Verbrennung dieser fossilen Energieträger, setzen wir innerhalb kurzer Zeit ebenfalls große Mengen an Kohlenstoff in Form von CO_2 frei, das über Jahrmillionen gebunden war. Laut Auslegung von verschiedenen NGOs müsste auch dieses CO_2 zur erneuerbaren Energie gerechnet werden, weil es schon einmal auf der Erde gewachsen ist und eben gespeichert wurde. Ähnlich dem Bauholz, wo CO_2 auf die Dauer der Verwendung gespeichert wird.

Es ist sicher ein großer Beitrag, wenn wir so wenig wie möglich gespeicherten Kohlenstoff verbrauchen. Zur Gänze wird uns dies aber nie gelingen, denn was nützt es, wenn ein Land oder ein halber Kontinent dies macht, aber alle anderen Länder sich nicht daran halten?

Denken wir dabei nur an jene Produkte, welche nicht wegzudenken sind. Allein beim Hausbau sind alle Rohrleitungen aus Kunststoff, welche wir im Haus für die Wasserleitung, Fußbodenheizung, Zentralheizung und beim Abwasserkanal verwenden. Sie werden meist aus Erdölprodukten hergestellt.

Früher wurden in den Häusern, vornehmlich in Großstädten, für die Wasserleitung zu den Wohnungen Bleirohre eingebaut. Die Bleirohre wurden als gesundheitsschädlich eingestuft und waren auch zu teuer. Dann verwendete man verzinkte Eisenrohre, verlegte diese vielfach, zum Unglück des Bauherrn, in den Fußboden. Nach 10 bis 20 Jahren sind diese innen verkalkt und verrostet, sodass kein Wasser mehr durchfloss und auch noch ganz feine Löcher in der Wand des Rohres entstanden, welche erst entdeckt wurden, als ein Wasserfleck an der Decke oder Mauer sichtbar wurde.

Oftmals sind solche kleinen Löcher, wenn Holz in der Nähe verbaut wurde, die Ursache für den gesundheitsschädlichen Hausschwamm.

So wird sich auch nicht vermeiden lassen, dass Kunststoffe und andere Materialien im täglichen Leben gebraucht werden und nicht mehr wegzudenken sind, auch wenn diese ein Nebenprodukt der Erdöl-Raffinerie sind.

Kunststoff ist im täglichen Leben nicht mehr wegzudenken. Angefangen in der Medizin, wo Einweg-Gummihandschuhe vorgeschrieben sind, wie auch manche Gegenstände, welche hygienisch und leicht zu reinigen sein müssen. In manchen Berufen ist es Vorschrift, bei der Arbeit Gummistiefel und gummibeschichtete Kleidung zu tragen. Ich wüsste nicht, aus welchem Material Taucheranzüge hergestellt werden könnten. Die Verpackung von Lebensmitteln, Getränkeflaschen, wenn es auch eine Pfandflasche ist, ist aus einem Erdölprodukt gemacht.

Spielzeug für unsere Kleinsten wird billig aus Kunststoff hergestellt.

Wie sollen unsere Straßen ohne Asphalt staubfrei gemacht werden?

Beton wäre eine Alternative, ist aber um ein Vielfaches teurer und belastet bei der Herstellung ebenfalls unsere Umwelt.

So gibt oder gäbe es noch viele Beispiele, über die wir keine Gedanken verlieren, woraus diese gemacht werden.

Es sollte eine Selbstverständlichkeit sein, dass wir den gespeicherten Kohlenstoff nicht übermäßig verbrauchen.

Frage an Chat-GPT: Der WWF und NABU gibt Ratschläge*, wie wir die Klimakrise in den Griff bekommen: Wie kannst du Kohlenstoffspeicher schützen?*

Es ist daher wichtig, dass so viel Kohlenstoff wie möglich in Koh-
lenstoffspeichern gebunden bleibt.
Dafür kannst auch du als Verbraucher einiges tun:

1. **Reduzierung der CO_2-Emissionen**
2. **Umstellung auf nachhaltige Landwirtschaft**
3. **Schutz von Wäldern und Ökosystemen**
4. **Nachhaltige Mobilität fördern**
5. **Konsumverhalten überdenken**
6. **Politische Maßnahmen und internationale Zusammenarbeit**
7. *Bildung und Bewusstsein*

Im folgenden Artikel habe ich Ergänzungen und Erläuterungen
nachfolgend eingefügt.

Verzichte im Alltag möglichst auf den Einsatz von fossilen Brennstoffen.
Beziehe Strom aus erneuerbaren Energien, (Wie soll das in der
Stadt möglich sein?)
erkundige dich beim Heizen nach Alternativen zu Erdöl und Gas (wie
soll dies in einer Mietwohnung oder im Gemeindebau möglich sein?).

Lass dein Auto so oft wie möglich stehen (in der Stadt ja, aber
am Land fährt niemand ohne Grund).
Achte beim Kauf von Blumenerde darauf, torffreie Erde
zu kaufen, um unsere Moore zu schützen.

Ich möchte zu bedenken geben, dass Komposterde von Kompos-
tieranlagen, wo Klärschlamm mit allen schädlichen Mineralstoffen, z. B. Schwermetalle wie Nickel, Zink, Kupfer, Chrom aber
auch Cadmium, Quecksilber, Fluor, Jod usw. enthalten ist und sie
außerdem in einem Plastiksack verpackt ist, umweltschädlich ist.
Nach exakter Auslegung von verschiedenen NGOs müsste
auch Torf zur erneuerbaren Energie gerechnet werden, da er
schon auf der Erde gewachsen ist und so gespeichert wurde. Torf

wird in die Erde eingearbeitet und dient dort zur Anreicherung von Humus und Speicherung von Wasser.

Straßenabwässer könnten in Auffangbecken gesammelt werden um den Gummiabrieb aufzufangen. Vielleicht kann man dort auch mit Kugeln (neue Erfindung) das Mikroplastik entfernen.

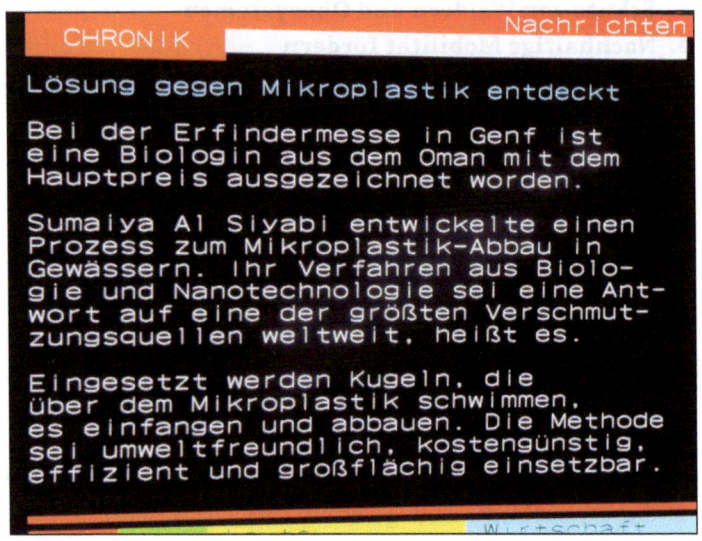

Mikroplastik Teletext

Unterstütze Waldaufforstungsprojekte in jenen Gebieten, wo vor einigen hundert Jahren der Wald abgeholzt wurde. Kaufe Möbel aus Massivholz ohne Resopal-Beschichtung, **wie zum Beispiel von Plant-for-the-Planet und kaufe Holz mit Siegel,** *damit du sichergehen kannst, dass es aus **nachhaltiger Forstwirtschaft stammt**.* (Hat der WWF oder NUBU noch nichts vom österreichischen Forstgesetz gehört, auf welches die Forstbehörde achtet und der Forstmann als beeidete Wache auf das Gesetz vereidigt wurde, dass Kahlflächen, innerhalb einer Frist, wieder mit standortstauglichen Baumarten aufzuforsten sind?)

Produziere so wenig Plastikmüll wie möglich – denn Plastik wird in der Regel auf der Basis von Erdöl hergestellt. Verzichte auf Produkte mit Palmöl: Für die riesigen Palmölplantagen muss nicht nur der Regenwald weichen.

Bildung und Bewusstsein

Ich war 1979 in Sibirien in der Stadt Bratsk in einem Holzkombinat. Dort wurde uns eine Schule und ein Kindergarten mit angeschlossener Kinderkrippe gezeigt. Die zuständige, örtliche Führerin erklärte uns, dass eine Mutter 3 Monate nach der Entbindung zuhause bleiben kann. Dann geht sie wiederum in die Arbeit, gibt ihr Kind vor Arbeitsbeginn in der Kinderkrippe ab und darf ca. alle 3 Stunden das Kind stillen. Nach Schichtende kann die Mutter wieder das Kind mit nachhause nehmen.

Ich sagte nachher zu unserer ständigen Reiseleiterin, dass ich diese sozialen Einrichtungen toll finde. Sie sagte, dass dies das größte Problem in der UDSSR sei, weil die Kinder in diesen Einrichtungen von fremden, als Bezugspersonen erzogen werden. Wenn die Kinder größer sind werden diese von den Vertrauenspersonen unterschwellig über die Einstellung der Eltern ausgefragt. Diese trauen sich nicht mehr etwas vor den Kindern zu besprechen. Kommt bei solchen Befragungen heraus, dass die Eltern nicht linientreu sind, stehen sie unter Beobachtung. Diese Kinder von „Abtrünnigen" dürfen keine höhere Schulbildung machen, wenn nicht vielleicht sogar jemand ins Gefängnis kommt.

Dies gab mir dann sehr zu denken.

Da wir jetzt auch als soziale Errungenschaft in den Gemeinden auch für zweijährige Kinder einen Kindergarten einrichten, begeben wir diese nicht auch in diese Meinungsbildung, welche die Kindergartenpädagogin in ihrer Ausbildung gelernt hat.

Vielleicht irre ich mich, aber die Grünbewegung ist jetzt schon eine neue Religion.

Die ehemalige Chefin der Grünen hat bei einer Parlamentssitzung verlangt, Palmöl zu verestern und dem Treibstoff beizumischen, denn dies wäre eine erneuerbare Energie. Ich habe daraufhin an die „Österr. Forstzeitung" einen Leserbrief geschickt, welcher auch abgedruckt wurde. Ein halbes Jahr später hat erstmals ein Abgeordneter einer anderen Fraktion dieses Problem aufgezeigt. Seither gibt es die Gesinnungsänderung bei den Grünen bezüglich des Palmöls. **In Indonesien und Malaysia** wurden deshalb die Regenwälder abgeholzt und Ölpalmen gepflanzt, weil ein Gesetz kommen sollte, dass es verboten ist, Tropenholz in die EU zu importieren oder daraus gefertigte Möbel zu verkaufen.

Diese Welttagung war in Kuala Lumpur. Zu dieser Tagung waren auch Wissenschaftler aus Österreich geladen. Es bildete sich eine Reisegruppe, wo auch ich mich anschloss. Während der Tagung besuchten wir die Bundesstaaten Sabah und Sarawak auf Borneo und kamen so in den Regenwald und erfuhren von deren wirtschaftlichen Problemen.

Der deutsche Naturschutzbund (NABU)

Für Ölpalmenplantagen werden bedeutende Torfwälder zerstört, so der NABU (Deutscher Naturschutzbund).

Ich frage mich, wie ein Torfwald überhaupt aussieht. Ich kann mir auch nicht vorstellen, wie in Indonesien Moore und Torfwälder entstehen könnten.

Die ebenen Flächen sind Reisfelder, wo Methan entsteht. Bei einem durchschnittlichen Jahresniederschlag von 2800 mm und 3 Reisernten im Jahr sind Moor- und Torfwälder nicht möglich.

Ergänzend von mir:

- Holzarten aufforsten, welche einen großen, jährlichen Zuwachs bringen und massenreiche Bestände bilden und deshalb mehr CO_2 aus der Luft entnehmen.
- Bestände mit Holzarten begründen, welche als Baustoffe verwendbar sind und so für die Dauer der Verwendung den Kohlenstoff speichern.
- Bei Verarbeitung von Schwachholz zu Papier und Spanplatten, welche im Möbel- und Hausbau verwendet werden, ist eine längerfristige Speicherung möglich.
- Auch Zellstoff könnte zur Wärmedämmung im Hausbau viel CO_2 langfristig speichern.

Reinigung der Luft 10.10.2020
https://goodcleanersfinder.ch › 8-wege-zur-naturlichen-...

Wie Blitze die Atmosphäre reinigen – Welt der Physik
https://www.weltderphysik.de › erde › nachrichten › wi...

Ich erlaube mir, Auszüge daraus in Kurzform zu bringen.

Über die Selbstreinigung der Luft habe ich im Internet gestöbert und einige interessante Artikel gefunden und gelesen.

Dabei haben mich einige Vorgänge in der Atmosphäre sehr überrascht.

Durch das spezifische Gewicht der Gase sind diese in den Luftschichten sehr unterschiedlich vorhanden. Eine wichtige Rolle bei der Reinigung der Luft haben die elektrischen Entladungen (Blitze) sowie die Luftfeuchtigkeit (Wolkenbildung bei Hoch- und Tiefdruckgebiet) und die Temperatur.

Reinigung der Luft

Es gibt viele Beiträge über die Selbstreinigung der Luft und Forscher-teams auf der ganzen Welt beschäftigen sich damit.

So zum Beispiel flogen William Brune von der Pennsylvania State University und seine Kollegen mit einem Forschungsflugzeug der NASA spiralförmig in einer Gewitterwolke bis in eine Höhe von 10.000 m. Sie hatten Messinstrumente an Bord, mit deren Hilfe sie die Konzentration der Gase gemessen haben. Am Boden wurde mit Antennen die Anzahl der Blitze in der Nähe des Flugzeuges gezählt.

Blitze können durch die enorme Hitze die Gase in der Luft ver-ändern und sie wandeln diese teilweise um.

So kann durch Blitze aus Methan CH_4 mit dem Stickstoff der Luft Ammonium (NH_4) und CO_2 entstehen, welches mit dem Regen zur Erde kommt. Ammonium wird im Boden durch Bakterien zu Nitraten (NO_3) und Nitriten (NO_2) umgewandelt und kann von den Pflanzen aufgenommen werden.

*Aus Wikipedia zum **Hydroxyl-Radikal**: leztmalig 14. 10. 2024*
*„Eine wichtige Rolle bei dieser Selbstreinigung spielen sogenannte **Hydroxylradikale** – hochreaktive chemische Moleküle, die Sauer-stoff enthalten.*

Das Hydroxyl-Radikal (OH-Radikal, HO) ist ein Molekül aus einem Wasserstoff- und einem Sauerstoffatom. Es wird daher als Waschmittel der Atmosphäre bezeichnet.

*Die Erdatmosphäre reinigt sich ständig selbst, wobei Substanzen wie **Schwefeldioxid oder Methan** über **Oxidationsprozesse effizient zersetzt** werden.“*

Wie sie in der Fachzeitschrift „Science“ berichten, werden die Hyd-roxylradikale in Gewittern aufgrund der elektrischen Entladungen durch Blitze erzeugt.

Wenn Blitze mit bis zu 80.000 Volt Spannung zwischen den Wolken oder zur Erde kommen, entstehen chemische Verbindungen, welche die schädlichen Gase umwandeln.

Nachfolgender Artikel aus Wikipedia und Internet: Wie oben: letztmalig 14. 10. 2024: *https://www.weltderphysik.de › erde › nachrichten › wi...*

„Luft reinigt sich im Turbowaschgang:

Verschmutzte Luft säubert sich allein – wie Wissenschaftler in China beobachtet haben. Sie glauben, eine Art Turbowaschgang der Atmosphäre entdeckt zu haben.

Ein bislang nicht entschlüsselter Mechanismus verstärkt die Selbstreinigungskräfte der Atmosphäre um das Drei- bis Fünffache."

„Erdatmosphäre reinigt sich selbst

Zu diesem Schluss kommt auch ein internationales Forscherteam vom Forschungszentrum in Jülich unter Leitung von Wissenschaftlern und Doktoranden nach Untersuchungen in Südchina.

Die Atmosphäre der Erde hat trotz schwankender Schadstoffmengen immer ausreichend eigenes ‚Waschmittel' für die Selbstreinigung zur Verfügung. Zu diesem Schluss kommen Wissenschaftler des Forschungszentrums Jülich und des Deutschen Wetterdienstes (DWD) nach einer fünfjährigen Analyse der Hydroxyl-Konzentration in der Gashülle unseres Planeten. Das Hydroxyl-Radikal (OH) ist das wichtigste Reinigungsmittel in der Luft. Die Atmosphäre steuere die eigene Reinigung wesentlich effizienter als bisher angenommen, berichten die Wissenschaftler. Das hochreaktive Hydroxyl startet den Abbau der meisten Schadstoffe und wird dabei verbraucht. OH-Radikale wandeln Schadstoffe wie Kohlenmonoxid oder Stickoxide in der Luft so um, dass sie bei Regen ausgewaschen werden können. Da OH nur eine Lebensdauer von einer Sekunde hat und permanent mit den Schadstoffen reagiere, müsse es ständig neu produziert werden.

In der stark verschmutzten Luft über dem Perlflussdelta wurden im Tagesverlauf alle am Waschprozess der Atmosphäre beteiligten Eingangs- und Ausgangssubstanzen gemessen, darunter Stickoxide, organische Verbindungen und Ozon.

Die Jülicher Wissenschaftler wollten den Mechanismus nun mit Experimenten in der Atmosphären-Simulationskammer entschlüs-

*seln. Dabei stellte sich heraus, dass der atmosphärische Schadstoff-
abbau von etwa 10 Uhr morgens an, in eine Art Turbogang schaltet.*

*Ähnliche Beobachtungen hatte es vorher schon in ländlichen, be-
waldeten Gebieten in Nordamerika und im tropischen Regenwald,
im südamerikanischen Suriname. gegeben.*

***Kann das Klima sofort nach einer Reduktion der Emis-
sionen fühlbar geändert werden?***

Prof. Dr. Jochem Marotzke, *vom Max-Planckinstitut für Meteorologie, Frankfurt am Main, hat Berechnungen über 100 virtuelle
Welten gemacht und ist zu dem Schluss gekommen, dass, selbst wenn
die Pariser Klimaziele ab 2020 eingehalten worden wären, es nicht unbedingt 2035 zu einer fühlbaren Temperatursenkung kommen kann."*

*(Nachzulesen im Internet unter: „Warum weniger Emissionen
nicht sofort den Temperaturanstieg bremsen", Dr. Marotzke)*

*Mir als Laie fällt es schwer, alle diese Ergebnisse zu verstehen,
aber ich kann aus diesen wissenschaftlichen Arbeiten schon heraus-
finden, dass sich in der Atmosphäre etwas abspielt, was wieder für
uns Menschen das Überleben möglich macht.*

Die Sukzession

In der Natur gibt es viele Faktoren, wie extrem tiefe Temperaturen, Regen, Hagel, Raureif, Schnee, lange Trockenheit, Gewitter
mit Blitz und Donner, Lawinen und Überschwemmungen. Deshalb haben immer jene Individuen überlebt, welche sich auf diese
Extreme eingestellt haben und es in ihren Genen gemerkt haben.

Die Sukzession der Besiedelung des Bodens fängt mit Flechten
an, dann kommen Moose, Gräser und Sträucher. Dann können
in dessen Schutz die Pionierbaumarten, meist Birke, Weide und
Erle ansamen. In der Natur haben die Pflanzen sich nach dem
jeweiligen Standort entwickelt, sodass ein Bewuchs vom Regenwald bis zur Tundra ohne Zutun des Menschen erfolgen konnte.

Wenn über längere Zeit ein günstiges Klima war, dann gab es Individuen, welche vorwüchsig waren, um die anderen Arten zu verdrängen.

Einige Bäume sind bei tiefen Temperaturen abgefroren oder durch Sturm umgeworfen worden; bei Raureif wurde nur der Wipfel oder die Äste abgebrochen. Einige, auch unterständige, langsam wüchsige Bäume haben auch Dürreperioden überstanden. So gab es immer Bäume oder Sträucher, welche sich an das jeweilige Klima angepasst entwickeln konnten.

Grundlegend aber ist wichtig: es müssen einmal „Mutterbäume" vorhanden sein. Die Waldbesitzer sollten versuchsweise bei Aufforstungen, wenn auch nur wenige Stück anpflanzen, welche in dieser Gegend noch nicht vorkommen.

Zum Beispiel setzt man Eichen oder Ebereschen, da es Lichtholzarten sind, an den Waldrand. Dort haben sie genügend Licht und Freistand. Bei den Eichen werden die Samen von Eichelhähern oder Eichkätzchen als Wintervorrat angelegt. Doch nicht alle werden wiedergefunden und können an anderen Stellen anwachsen, welches, wegen der Schwere der Samen, nicht möglich wäre.

Tannenarten kann man auch im Altholz in Bestandeslücken setzen.

Beeren- oder früchtetragende Bäume haben besondere Eigenschaften, welche zu ihrer Verbreitung beitragen.

Ich will diese Eigenschaft an zwei Baumarten beschreiben. Die Beeren der Eberesche dienen vielen Vogelarten als Nahrung. Die Samen können nicht verdaut werden und werden an verschiedenen Stellen ausgeschieden.

Die Eberesche hat noch die Eigenschaft, dass das Samenkorn mit einem Keimhemmer ummantelt ist, welcher ein sofortiges Keimen verhindert. Meist überliegen die Samen 2 Jahre, aber manchmal auch länger.

Man nennt diese Verbreitung der Bäume die „Vogelsaat".

Diese Art der Vermehrung machen sich manche Baumschulen zu Nutzen. Die Beeren von Sträuchern wie Weißdorn, Berberitze, etc. werden gepflückt und sortenrein in einem abgeschlossenen

Hühnerstall an die Tiere verfüttert. Nach einigen Tagen wird der Mist herausgenommen, mit Erde vermischt und im Forstgarten angebaut. Durch die Verdauung umgeht man die Samenruhe.

Dieser Vermehrungsart verdankt auch die Mistel auf Laubbäumen, Tannen und Kiefern ihre Verbreitung. Die Vögel fressen die Beeren und machen ihre Ausscheidung auf einem anderen Baum. Da dieser Kot klebrig ist, bleibt er am Ast haften. Dort keimt die Mistel und wächst in den Ast bis zum Kambium hinein und ernährt sich vom Saft des Wirtsbaumes und schädigt ihn dadurch.

Jede Baumart hat eine Eigenheit entwickelt, um Neuland zu besiedeln oder in andere Gebiete vorzudringen.

So hat die Natur von sich aus die Möglichkeiten geschaffen, dass sich alle Arten vermehren können, um den Boden zu besiedeln.

Der „Saure Regen"

Ende der 60er und Anfang der 70er Jahre war das große Thema in der Forstwirtschaft der „Saure Regen" und das „Waldsterben". Durch die Abgase von Autos und dem Verbrennen von stark schwefelhaltiger Kohle und Erdöl in Wärmekraftwerken, entstanden Stickoxide oder Schwefeloxide. Diese Gase bildeten mit dem Wasser der Wolken Salpeter- und schwefelige Säuren und kamen mit dem Regen zur Erde. Damit verursachten sie eine Senkung des PH-Wertes, sodass ganze Waldbestände abstarben.

Dagegen wurden viele Maßnahmen per Gesetz verordnet. Beim Dieselauto wurde der Katalysator vorgeschrieben. Die Verwendung der stark schwefelhaltigen Braunkohle und des Schweröls zur Wärmeerzeugung wurden verboten.

Zu diesem Thema wurden von der Forstwissenschaft viele Tagungen und Exkursionen gemacht, um die Schädigungen anzusehen und darüber zu diskutieren.

Ich war einmal, Anfang 1970, bei einer Tagung in Reckling-hausen im Ruhrgebiet, welches durch die Schwerindustrie und den Braunkohlebergbau mit Wärmekraftwerken am meisten gefährdet war.

Im Anschluss fand eine Exkursion im Stadtwald Mettmann statt. Dort besichtigten wir einen Forstgarten, welcher im Auf-trag der Landesregierung von NRW angelegt und von der Indus-trie finanziell unterstützt wurde.

Die Vorgabe war, wenn schon unser Wald stirbt, so will man sehen, ob es nicht auf der Welt geeignetere Baumarten gibt, welche diesen sauren Regen überstehen. Es wurden in einem Gewächshaus Samen von Baumarten von überall in der Welt herangezogen. Als diese eine Größe zur Pflanzung erreicht hatten, wurden sie auf Parzellen mit je 3.000 m² ausgepflanzt. Bei unserer Exkursion waren die Bäume schon einige Jahre alt und wir konnten sehen, dass manche Baumarten sehr gut, manche gut, manche schlecht wuchsen und manche einen To-talausfall hatten.

Man hat uns gesagt, dass jene gutwachsenden Bäume im Staatsforst, linksseitig der Wupper, im Revier Burgholz bestan-desmäßig aufgeforstet werden.

Ich habe eine Exkursion mit der „ARGE Waldveredelung", ein-mal mit Kollegen vom Betrieb des Stiftes Göttweig und zweimal war ich privat dort, gemacht, denn als Forstmann hat mich das Wachstum der verschiedenen Baumarten interessiert.

Vor einigen Jahren wurde es als Arboretum vom Land NRW unter Schutz gestellt. Ich kann nur jeder an der Natur interes-sierten Person empfehlen, einen Tag in diesem Wald herum-zuwandern.

Das Arboretum Burgholz

Bäume der Welt – Wälder der Welt

Der Landesbetrieb Wald und Holz NRW ist mit seiner Fläche von rund 250 Hektar und etwa 100 verschiedenen Laub- und Nadel- baumarten aus fast allen Kontinenten dieser Welt, das flächenmäßig größte Anbaugebiet mit fremdländischen Baumarten in Deutschland.

Zu Beginn der 70er Jahre wurde es als Versuchsanbaurevier der Landesforstverwaltung für fremdländische Nadelgehölze geführt, ab Ende der 90er Jahre wurde der Aspekt des forstlichen Lehrgartens in den Vordergrund gerückt und die Waldflächen der fremdländischen Baumarten seit 1999 als „Arboretum" (arbor lat. = Baum) bezeich- net. Burgholz hat heute wieder eine führende Rolle im Verband der forstlichen Versuchsflächen in NRW. Die ältesten Anpflanzungen sind heute ca. 55 Jahre alt. Drei kurze Rundwanderwege – Bäume der Welt – vermitteln Eindrücke von einzelnen Baumarten aus Nord- amerika, Asien und Europa.

Arboretum Burgholz

Die verschiedensten Baumarten können in Zeiten des Klimawandels, wo unsere heimischen Baumarten mit den veränderten, klimatischen

Bedingungen wie Trockenheit und höheren Temperaturen nicht zurechtkommen, von größerer Bedeutung werden. Im Arboretum Burgholz wird die Eignung fremder Baumarten für veränderte Anbaubedingungen erprobt.

Naturkatastrophen

Naturkatastrophen haben nur für uns Menschen eine Bedeutung. Wir glauben immer, dass sich die Natur nach unseren Vorstellungen zu verhalten hat, denn wir können alles regeln. Dabei haben die Naturereignisse auch eine wichtige Funktion bei der Entwicklung der Menschheit und der Vegetation gehabt.

Nur dass wir die Natur vergewaltigt, Bauwerke dort errichtet haben, wo Naturgewalt schon vorhersehbar war, oder man hätte früher darauf aufmerksam machen sollen.

Im Nachhinein wissen wir, auch die Sachverständigen, was man „so" nicht hätte machen dürfen.

Ein Starkregen hat zum Beispiel jenen Sinn, dass die Bäche und Flüsse von Laub, Ästen und Verpilzungen gereinigt werden und nachher wieder ein klares, sauerstoffreiches Wasser führen, in dem Fische, Krebse und andere Tiere, welche an das sauerstoffreiche Wasser gebunden sind, wieder leben können.

Einige Baumarten haben sich auf die Überschwemmungen eingestellt. So gibt die Schwarzpappel (Populus nigra) schon Ende Mai bis Anfang Juni ihre Samen ab, um auf den noch unkrautfreien Sandbänken nach einem Hochwasser nach der Schneeschmelze zu keimen. Ähnlich verhält sich die Ulme.

In Ägypten sah man es als Strafe der Götter an, wenn einmal die Überschwemmung des Nils ausblieb. Durch die Regulierung der Nebenflüsse und den Bau des Assuan-Staudammes gibt es seither fast keine Überschwemmungen mehr und es müssen die Felder künstlich bewässert werden.

Am Donnerstag, dem 18. April 2024, war ein Bericht im ORF-ZiB 2 aus Dubai, wo durch wolkenbruchartige Niederschläge es zu Überschwemmungen kam.

Sorgt Wolkenimpfung für Unwetter in Dubai?

Wüsten-Emirat kämpft gegen Hochwasser

Cloud Seeding. In Dubai fiel am Dienstag mehr Regen vom Himmel als sonst in einem ganzen Jahr. Bäche flossen durch Geschäfte. Videos vom wichtigen Verkehrsflughafen zeigten Flugzeuge, die sich durch das Hochwasser kämpfen.

Nun fragen sich einige, ob das sogenannte Cloud Seeding die Ursache der Überschwemmungen sein könnte.

In den Vereinigten Arabischen Emiraten wird da regelmäßig durchgeführt.

Bei dieser Form der Wetterbeeinflussung werden Chemikalien in die Wolken eingebracht, die Regen auslösen sollen. Seit dem Jahr 2002 wird das „Wolkenimpfen" in den Emiraten bereits praktiziert, um damit der dortigen Wasserknappheit zu begegnen. **FUTUREZONE 2**

Im benachbarten Oman kamen 18 Menschen ums Leben. Bisher war es unvorstellbar, dass es in einem Wüstenstaat so etwas geben kann. In den Medien wurden Bilder von der Stadt und dem Flughafen gezeigt, welche man nicht für möglich gehalten hätte.

Es wurde berichtet, dass zur Erzeugung von Niederschlägen Wolken durch Flugzeuge mit Silberjodid oder Kochsalz in großen Höhen behandelt wurden.

Ist Wolkenimpfung schuld am Unwetter?

Cloud Seeding. Nach Überschwemmungen in den Vereinigten Arabischen Emiraten wird nach Gründen gesucht. Manche meinen, menschliche Eingriffe in das Wetter könnten verantwortlich gewesen sein

VON JANA UNTERRAINER

In Dubai fiel am Dienstag mehr Regen vom Himmel als sonst in einem ganzen Jahr. Bäche flossen durch Geschäfte, Videos vom wichtigen Verkehrsflughafen zeigten Flugzeuge, die sich durch das Hochwasser kämpfen.

Nun fragen sich einige, ob das sogenannte Cloud Seeding, die Ursache der Überschwemmungen sein könnte. In den Vereinigten Arabischen Emiraten wird das nämlich regelmäßig durchgeführt. Bei dieser Form der Wetterbeeinflussung werden Chemikalien in die Wolken eingebracht, die den Regen auslösen sollen.

Seit 2002 wird das „Wolkenimpfen" in den Emiraten praktiziert, um damit der dortigen Wasserknappheit zu begegnen. „Beim Cloud Seeding

In den Straßen von Dubai stand das Wasser bis zur Hüfte

geht es darum, künstlichen Niederschlag aus Wolken zu erhalten, die sonst keinen, wenig oder erst viel später Niederschlag erzeugen würden", erklärt der Klimaforscher Georg Pistotnik von Geosphere Austria. Flugzeuge fliegen an den Rand der Gewitterzelle und sprühen

Chemikalien in die Wolken. „Dabei wachsen in den Wolken kleine Wassertröpfchen langsam zu größeren heran", sagt Pistotnik.

Irgendwann werden dies schwerer und fallen in Form von Schneeflocken, Regentropfen oder Hagel auf die Erde. „Mit sogenannten Gefrier-

keimen geht das schneller – diese wirken sehr stark wasseranziehend. Das können Staubpartikel oder Salzmoleküle sein. Cloud Seeding macht sich das zunutze, indem es solche Gefrierkeime künstlich einbringt", erklärt der Forscher. Meist wird dafür Silberjodid genutzt, die Emirate setzen auf Kochsalz.

Ob es dieses Mal auch so passiert ist, ist unklar: Am Dienstag erklärte der Meteorologe vom nationalen Institut für Meteorologie in Dubai Ahmed Habib gegenüber Bloomberg noch, dass seit Montag insgesamt sieben solche Missionen geflogen worden seien. Später folgte ein Dementi vom Vizedirektor einer Regierungsorganisation für Meteorologie Omar AlYazeedi. Daraufhin meldete sich Habib wieder und meinte, dass zwar sechs Piloten ge-

flogen seien, diese jedoch keine Wolken „geimpft" hätten. Was wirklich passiert ist, lässt sich derzeit nicht rekonstruieren. Grundsätzlich dürfe man die Effekte von Cloud Seeding allerdings nicht überschätzen, betont Pistotnik.

Fraglicher Nutzen

„Die Wirkung der Methode ist sehr umstritten. Die Mehrzahl der Studien zeigt, dass der Effekt über ein Jahr gerechnet maximal ein paar Prozent Niederschlag zusätzlich bringt. Die Schwierigkeit ist, dass man nicht nachweisen kann, was ohne Cloud Seeding passiert wäre", sagt er. Es sei extrem unwahrscheinlich, dass solche Operationen die Starkregenfälle beeinflusst haben könnten: Die Effekte von menschlichen Manipulationen wie Cloud Seeding sind minimal, auch

bei den jetzigen Überschwemmungen im arabischen Raum", erklärt er.

Allerdings könnte ein Eingriff, zumindest theoretisch, sehr wohl eine Überschwemmung auslösen, wenn man gewisse Bedingungen in der Atmosphäre vorfinden würde. „Mit unserem derzeitigen Wissen ist es wahnsinnig schwierig, solche Situationen zu erkennen. Ob Dubai so ein zufälliger Einzelfall war, kann man nicht sagen", sagt der Klimawissenschafter.

Unsere beschränkten Fähigkeiten zur Wetterbeeinflussung sieht er allerdings positiv: „Ich halte das für ein sehr dystopisches Szenario, dass die Menschheit tatsächlich in der Lage ist, das Wetter zu manipulieren. Es ist schwer vorstellbar, dass man sich auf einen konstruktiven Nutzen einigen würde."

Ich habe diese Zeitungsausschnitte vom Kurier kopiert und hier eingefügt. Jeder kann sich selbst davon ein Bild machen, ob dies den Tatsachen entsprechen kann oder ob der Klimawandel daran schuld war.

„Bereits bei den Auswirkungen der Unwetter in Deutschland (Ahrtal), mit ungefähr 186 Personen, welche dabei ihr Leben lassen mussten, gab es einige Monate ein Tiefdruckgebiet im Norden Spaniens und im Süden Frankreichs. Der heiße Südwind trocknete die Feuchtigkeit auf und deshalb gab es in Spanien eine Dürreperiode. Dieser Südwind brachte auch eine Menge Saharastaub mit, welcher in die höheren Luftmassen verfrachtet wurde. Dieser Staub hatte wahrscheinlich die gleiche Wirkung, wie Silberjodid oder wie in den Emiraten Kochsalz, welcher dann in großen Entfernungen zu den verheerenden Überschwemmungen geführt hat.

Viele Medien berichteten, dass in den Emiraten seit 2002 ‚Cloud Seeding' eingesetzt wird, um der Wasserknappheit zu begegnen.

Angeblich soll ein Pilot einem Reporter gesagt haben, dass es sechs Flüge geben hat. Dies wurde aber gleich, nach den verheerenden Überschwemmungen dementiert und das Unwetter sofort dem Klimawandel zugeschrieben."

Silberjodid

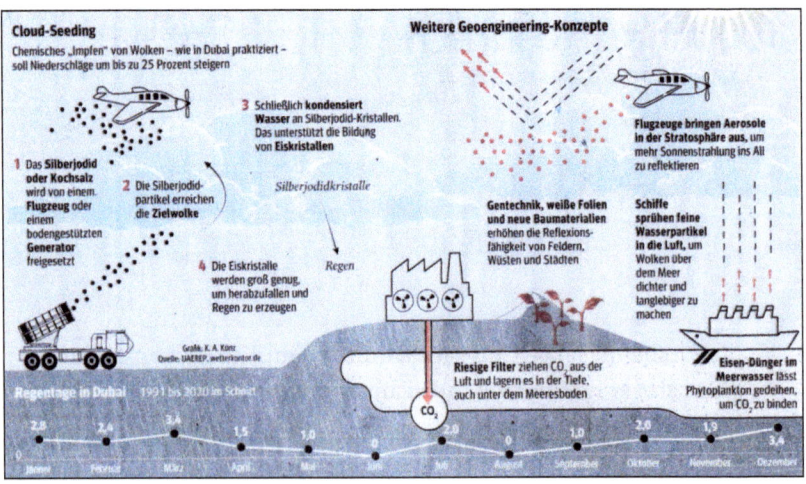

Aus Wikipedia

Verwendung:

„Silberiodid wird mit **Aceton** gemischt und aus **Hagelfliegern** versprüht, um in der Atmosphäre kleinste **Kondensationskerne** zur gezielten **Regen-** oder **Hagelbildung** zu erzeugen.

Einerseits dient es dazu, schädliche Unwetter zu verhindern oder abzuschwächen. Es kann damit die Bildung von zu großen Hagelkörnern verhindert werden. In den USA wurde in den 1940er und 1950er Jahren versucht, mit Silberiodid Hurrikane vorzeitig abzuschwächen; die Wirkung war allerdings begrenzt.[8] In Deutschland wurde 1958 im Landkreis **Rosenheim** eine organisierte Hagelabwehr eingerichtet, die das Silberiodid aus über 100 Abschussstellen durch Raketen in die Wolken schoss.[8] Seit 1975 wird diese Aufgabe von zwei Anti-Hagel-Flugzeugen erledigt.[8] In Süddeutschland, Österreich und der Schweiz gibt es noch weitere als Verein organisierte Hagelwehren.

Andererseits wird dadurch versucht, bestimmte Gebiete gezielt mit Niederschlag zu versorgen: Durch Impfen der Wolken mit Silberiodid-Feinstaub im Aufwindkanal einer Wolkenfront aus einem Flugzeug wird seit den 1980er Jahren (laut einer unbestätigten Behauptung des russischen Majors Alexei Gruschin auch 1986 bei Tschernobyl zur Verhinderung von radioaktiv belasteten Wolken über russischen Großstädten[9]) im mittleren Westen der USA und Russlands, aber auch testweise in Bayern[10] versucht, die Wolken gezielt an einem definierten Ort abregnen zu lassen.[11] Die Wirksamkeit dieser Methode ist statistisch zwar untersucht, aber der Erfolg ist gering (ca. 10 % mehr Niederschlag). Das Silberiodid ist im dadurch gefallenen Schnee in geringsten Mengen analytisch nachweisbar. Diese Mengen sind für den Menschen ungefährlich.

Mit dem konträren Ziel wird zu einzelnen Terminen ein bestimmtes Gebiet regenfrei gehalten, indem man die Schauer davor niedergehen lässt. So herrschte in **Moskau am 9. Mai, dem Tag des Sieges** und am 12. Juni, dem **Tag Russlands**, Sonnenschein.[12] Bei den **Olympischen Sommerspielen in Peking 2008** wurde Silberiodid mit Hilfe von Raketen in Regenwolken eingebracht, um einer Störung der Eröffnungsfeierlichkeiten vorzubeugen.[13]"

Einzelnachweise[Bearbeiten | Quelltext bearbeiten]

Eintrag zu *Silberiodid* in der GESTIS-Stoffdatenbank des IFA, abgerufen am 11. März 2020.

1. David R. Lide (Hrsg.): *CRC Handbook of Chemistry and Physics*. 90. Auflage. (Internet-Version: 2010), CRC Press/Taylor and Francis, Boca Raton FL, *Standard Thermodynamic Properties of Chemical Substances*, S. 5-4.
2. James Huheey, Ellen Keiter, Richard Keiter: *Anorganische Chemie: Prinzipien von Struktur und Reaktivität*. Gruyter, Germany 2003, ISBN 978-3-11-017903-3, S. 150.
3. Halogenidtrennung
4. J. G. P. Binner, G. Dimitrakis, D. M. Price, M. Reading, B. Vaidhyanathan: „Hysteresis in the β–α Phase Transition in Silver Iodide", *Journal of Thermal Analysis and Calorimetry*, **2006**, *84*, S. 409–412 (PDF)
5. W. Biermann, W. Jost: *Z. Phys. Chem. N. F.*, **1960**, *25*, S. 139.
6. Bernhard Ilschner: *J. Chem. Phys.*, **1958**, *28*, S. 1109.
7. *Hochspringen nach:a b c* Mara Schneider: *Das Wetter lässt sich nur bedingt kontrollieren.* (Nachrichtenartikel) news.de, 19. Februar 2009, archiviert vom Original (nicht mehr online verfügbar) am 31. August 2009; abgerufen am 21. Februar 2009 (deutsch).
8. Telepolis: Warum es nach Tschernobyl über Weißrussland regnete | Telepolis, abgerufen am 18. August 2018
9. BR.de: Wettermanipulation: Die Hagelflieger von Rosenheim | Wissen | Themen | BR.de, abgerufen am 18. August 2018
10. WELT: Regen auf Knopfdruck – WELT, abgerufen am 18. August 2018
11. Anne Gellinek, Janin Renner, Kay Siering: Die Wolken-schieber (Memento vom 5. März 2011 im *Internet Archive*).
12. SPIEGEL ONLINE: Olympia-Wetter: China schießt auf Regenwolken

Ich habe auf Wikipedia nachgeschaut und vorigen Artikel von der deutschen Zeitschrift „Stern" herauskopiert. Als ich wieder darüber nachgesehen habe, waren bereits 5 Einträge von Klimaexperten, welche dies sofort dementierten, mit der Begründung, dass dies nicht möglich ist und die Unwetter dem Klimawandel zuzuschreiben sind.

Irgendwie macht mich die Nervosität der Klimaexperten, welche gegen „Wolkenimpfen" schreiben, schon misstrauisch, denn wenn dieses „Cloud Seeding" für so manche Unwetterextreme zurückzuführen wäre, könnte dies die ganze Klimapolitik in Frage stellen.

Warum macht man diese **Cloud Seeding** nicht in den **Hungergebieten**, wie Teile von Äthiopien, wo man immer ein Bild mit einem Skelett von einem Rind und einer Frau mit einem, dem Hungertod nahen Kind sieht.

Warum fördern die NGOs nicht Staudämme, damit man Wasser zur Bewässerung, wenigstens der Hausgärten hat. In Libyen sind wegen eines Hochwassers zwei Staudämme durchgebrochen und in der Großstadt „Darna" wurden viele Häuser zerstört. Die UN spricht von ungefähr 11.000 Toten.

Dass Silberjodid mit Kleinflugzeugen, den sogenannten „Hagelbombern" ausgebracht wird, ist in Weinbaugebieten der Wachau und im Kamptal gang und gäbe.

Klimaexperten, welche dies sofort dementierten, mit der Begründung, dass dies nicht möglich ist und die Unwetter dem Klimawandel zuzuschreiben sind.

Mittlerweile ist obiger Artikel zur Gänze gelöscht.

Irgendwie macht mich die Nervosität der Klimaexperten, welche gegen „Wolkenimpfen" schreiben, schon misstrauisch, denn wenn dieses „Cloud Seeding" für so manche Unwetterextreme zurückzuführen wäre, könnte dies die ganze Klimapolitik in Frage stellen.

Renaturierung:
Die Renaturierung ist seit einiger Zeit ein großes Thema.

Ich kann mir nicht vorstellen, wie in Österreich die NGOS gewissen Projekten gegenüberstehen. Sollte vielleicht die Wildbachverbauung alle Bauwerke, welche die Fließgeschwindigkeit verringern, entfernt werden. oder auch der Hochwasserschutz an der Donau, welcher gerade fertiggestellt wurde und bei anderen größeren Flüssen, welche sich beim Hochwasser im September bewährt haben?

Sollte man die Donauinsel und den Marchfeldkanal zurückbauen?

Viel wichtiger wäre eine Renaturierung im Nationalpark Donauauen, damit dieser wieder ein richtiger Auwald werden kann und nicht durch die Eintiefung der Donau die Bäume mit Wurzeln nicht mehr das Grundwasser erreichen. Jungpflanzen wird man nur mehr mit künstlicher Bewässerung am Leben erhalten können.

Im Nationalpark besteht die Gefahr, dass invasive Baumarten wie Götterbaum und Eschenblättriger Ahorn die ausgetrockneten Böden besiedeln. Auch die Goldrute, das Himalaya-Springkraut und der japanische Staudenknöterich sind ursprünglich als Zierpflanzen in Hausgärten gepflanzt worden, doch sind diese, wo sie einmal angekommen sind, nicht mehr wegzubekommen.

Die Lawinenverbauung im Hochgebirge, oberhalb der Baumgrenze, ist auch eine Veränderung in der Natur, aber sie schützen großteils ganze Dörfer und Einzelgehöfte im Gebirge.

In letzter Zeit gab es im Jahr 2024 wieder einmal ein gewaltiges Unwetter, das letzte in Spanien.

Am 4. November 2024 zog ein gewaltiges Tiefdruckgebiet, namens „Dana", über die Provinz Valencia mit fast 600 mm Niederschlag in kurzer Zeit, hinweg. Solche Tiefdruckgebiete kommen dort in fast regelmäßigen Abständen vor, aber mit so enormen Schäden und fast 200 Toten hat es schon seit Jahrzehnten nicht mehr gegeben.

Ich bekam einige „WhatsApp" mit Bildern, dass dort wegen der Renaturierung vorher Dämme abgerissen wurden.

Spanien war seit einigen Jahren Vorreiter bei der Renaturierung, weil es vielleicht seit Menschengedenken keine solche Unwetter oder Hochwässer mehr gehabt hat.

Ich habe deshalb bei **ChatGPT** nachgefragt und folgende Bestätigung erhalten:

In Spanien werden vielfältige Renaturierungsprojekte umgesetzt, um degradierte Ökosysteme wiederherzustellen und die Biodiversität zu fördern. Ein zentrales Anliegen ist die Entfernung veralteter Staudämme, die Flussökosysteme beeinträchtigen. Im Jahr 2021 wurden beispielsweise 108 Dämme abgerissen, insbesondere in der Region Valencia, um die natürlichen Flussläufe wiederherzustellen und die Wasserqualität zu verbessern.

Quellen: TKP Mallorca Magazin en.wikipedia.org

Meine Frage jetzt dazu, wer übernimmt dort die Verantwortung für die vielen toten Menschen?

Die Leute vor Ort hatten diese Schutzbauten auch nicht aus Übermut gebaut, sie werden sich dabei schon etwas gedacht haben.

Sehr skeptisch bin ich bei der Renaturierung der Moore. Wenn dort das Wasser aufgestaut wird, sterben die Moose unter Wasser ab und das Moor kann so für Jahrzehnte geschädigt werden.

Genauso verhält es sich mit den Nationalparks. Ich war wieder einmal im NP Thayatal in Hardegg. Dort hat man unter der Brücke immer viele Fische gesehen. Jetzt ist das Bachbett vergrast und auch bei den ca. 20 Schwänen war nur 1 Jungschwan (graues Federkleid) zu sehen. Ich glaube, dass sich jetzt niemand mehr, weder Natur- Tier- oder Umweltschützer für den Nationalpark interessiert.

Gleiches geschieht, lt. Kurier vom 22. 11. 2024, im Auwald des Po in Italien, wo man die Kulturpappeln entfernen wollte und es deshalb zu einem Widerstand der Bevölkerung kam.

Es wird nicht reichen, den Klimawandel für alles verantwortlich zu machen.

Zusammenfassung

Dass sich das Klima ändert und es allgemein wärmer wird, darüber brauchen wir nicht mehr debattieren. Wir müssen dies zur Kenntnis nehmen und uns darauf einstellen.

Die Naturgesetze, welche schon seit Milliarden von Jahren Gültigkeit haben und auch noch vielleicht in Millionen von Jahren gelten werden, können wir, armseligen Lebewesen, nicht wesentlich beeinflussen.

Der Klimawandel und die Debatten darüber haben mich neugierig gemacht. Dass mit den Schadstoffgrößen von **ppm** und **ppb** von Experten herumkommentiert wurde, verleitete mich dazu, mich genauer darüber zu informieren. Ich habe dann nachgeforscht, um zu ergründen, wo hier der Unterschied liegt.

Dabei bin ich bald darauf gekommen, dass die „Experten" in den Medien die Begriffe oft als gleiche Größen angesehen (bewusst oder unbewusst) oder verwechselt haben.

Wie hat die Klimadebatte überhaupt begonnen?
Es begann zuerst mit dem „sauren Regen", woran der ganze Wald stirbt.

Das „Ozonloch" über der Antarktis wird immer größer und die UV-Strahlung wird uns krank machen. Als Reaktion darauf wurden die FCKW-Gase in den Spraydosen verboten.

Dann kam der „Feinstaub", woran jährlich viele Menschen sterben werden. Als der Saharastaub im Winter den Schnee in den Alpen braun färbte, war vom Feinstaub keine Rede mehr. Jetzt haben wir das CO_2, welches die Klimaerwärmung verursacht und auf der Erde kein Leben mehr ermöglicht.

Die Verursacher waren rasch gefunden. Die Abgase der Autos, eine Regen- oder Hitzeperiode, egal auf welchem Kontinent sie stattfand, Unwetter, Wald und Buschbrände und die Abholzung des Regenwaldes im Amazonasgebiet sind schuld an der Erwärmung des Klimas. Sogar Erdbeben und Vulkanausbrüche wurden von manchen Politikern als Folge des Klimawandels dargestellt.

Gegen die Klimaerwärmung hilft nur der Ausstieg von Erdgas, Kohle und Erdöl, in Summe die Vermeidung von fossilen Energieträgern. Viele „Experten" verbringen aber ihren Urlaub in Gebieten, wo es immer viel wärmer ist als bei uns und man auch im Winter im Meer schwimmen kann.

Als Lösung hilft nur die erneuerbare Energie mit Windrädern, Photovoltaik und Wasserkraft.

Dazu kam noch die Pandemie, die Kriege in der Ukraine und im Gazastreifen und mit der Verteuerung die damit verbundene Inflation.

Hier waren die Politiker und Politikerinnen überfordert. Die eine Partei war für dieses, die andere wieder dagegen oder für etwas anderes.

Am längsten hat sich die Klimadebatte gehalten und ist immer noch europaweit das prägende Thema.

Für gewisse Länder und Personenkreise ist es ein gutes Geschäft, gegen das CO_2 zu arbeiten.

Es wurden Photovoltaik-Anlagen gefördert, aber in Europa mussten erst die Fabriken gebaut werden.

Als diese mit der Fertigung beginnen konnten, hatten viele Händler die Elemente schon aus China importiert.

Große Anlagen wurden auf Dächern von Hallen montiert, aber die „Wechselrichter" konnten nicht geliefert werden. Auch musste ein Schaltkabel zum nächsten Trafo verlegt werden, damit die Anlage weggeschaltet werden kann, wenn zu viel Strom vorhanden ist.

Die Erzeugung in Europa konnte mit den billigen Preisen in China nicht mithalten.

Das E-Auto sollte die Welt vom schädlichen CO_2 befreien. Leider waren uns hier die Chinesen schon wieder voraus, weil uns zum Bau der Batterien die „Seltenen Erden" fehlten.

Dann kauften viele Firmen diese geförderten Autos, aber es gab zu wenig Ladestationen. Für Privatpersonen war ein E-Auto zu teuer und die billigeren hatten eine zu geringe Reichweite.

Der Ausstieg von fossilen Energieträgern soll jetzt mit dem Wasserstoff gelingen. Für das Klima ist nur der grüne Wasserstoff von Bedeutung. Dieser kann aber nur mit Strom von den Windrädern oder der Photovoltaik kommen.

Der Wasserstoff in ölreichen Ländern wird aus Erdgas gewonnen, weil daraus die Produktion am billigsten ist. Vielleicht wird dieser über Umwege an uns als grüner Wasserstoff verkauft.

Zur Verflüssigung braucht man viel Energie, welche möglicherweise von Gas oder Öl kommt.

Der Weltklimarat fordert, dass wir eine negative Emission brauchen. Der Vorschlag ist, dass das CO_2 aus der Luft, mit der CCS-Methode, ob am Rauchfang oder von der Umgebungsluft herausgefiltert wird und in Gasform oder verflüssigt in ausgebeutete Gas- oder Ölfelder verpresst wird.

Aber wozu brauchen wir die CCS-Methode?

Die Wälder und Feldfrüchte lieferten die negative Emission mit der Photosynthese bisher kostenlos.

Wenn das CO_2 so umweltschädlich ist, warum wird dann in Gewächshäusern die **4-fache ppm-Menge CO_2** der Umgebungsluft (bis zur 1600 ppm) **eingeblasen?**

Weshalb werden diese 1600 **ppm** in **vpm** angegeben? Es darf niemandem auffallen, dass in den Gewächshäusern durch die höheren CO_2 Werte ein größerer Zuwachs erwartet wird.

Diese Methode nennt man „CO_2-Düngung".

Woher kommt aber das CO_2, welches eingeblasen und mit Ventilatoren nach oben, zu den Blättern gebracht wird, um einen möglichst hohen Ernteertrag zu erreichen?

Sehr häufig wird dieses CO_2 aus fossilen Brennstoffen, wie Erdgas und Erdöl, erzeugt.

Klimaneutral wäre es dann, wenn das CO_2 von einer Holzheizung oder Biogasanlage in ein naheliegendes Gewächshaus eingeleitet werden kann.

Mit einem guten Bekannten von der forstlichen Bundesversuchsanstalt habe ich einmal gesprochen, warum von ihrer Seite keine Entgegnung kommt, als einmal der Wald als „Klimasünder" dargestellt wurde. Er hat mir erklärt, dass sie nur dann Berichte bringen dürfen, wenn jemand dafür bezahlt.

Deshalb kann man nur jene bezahlten Beiträge lesen, welche die NGOs bestellen und nach ihrem Wunsch geschrieben wurden. In der öffentlichen Meinung, bis Brüssel hinauf, ist die Speicherung von CO_2, die erneuerbare Energie, die Elektromobilität, die Verbote von Öl- und Gasheizungen und noch vieles andere mehr, das Um und Auf für den Weiterbestand der Menschheit.

Aber haben wir eine andere Möglichkeit, als dass die Landwirtschaft genügend Nahrungsmittel für die 8 bis 9 Milliarden Menschen produziert und dass die Wälder grün sind? Dies gelingt aber nur, wenn genügend CO_2 in der Atmosphäre vorhanden ist.

Sollte ein Umdenken der jetzigen Geldgeber dieser Organisationen und das Geld für Experten, welche das **Positive von CO₂**, das **„Gas des Lebens"** einsetzen, würde sich die allgemeine Meinung in die andere Richtung wieder ändern.

Denn ohne CO_2 in der Atmosphäre gäbe es kein Leben auf der Erde.

Was wäre zum Schutz für uns Menschen notwendig, um Schäden von uns fernzuhalten?

- Regelmäßiges Abbrennen des trockenen Grases bei feuchtem Boden im Frühjahr, wie es im Norden des Bundesstaates New York in der Nähe vom Hudson River, gezeigt wurde (Universum Sendung im ORF).
- Abbrennen des dürren Grases bei feuchtem Boden im Frühjahr in einem Gürtel von einigen hundert Metern in der Nähe von Siedlungen.
- Mulchen der Grasflächen zwischen weitstehenden, alten Bäumen, wo die Gefahr von Wald und Buschbränden entstehen könnten.
- Aufforsten oder Bewirtschaften ehemaliger Zuckerrohr- und Bananenplantagen, hauptsächlich in Brasilien.

Ich habe mich bei meinen Recherchen und Darstellungen, welche im Zusammenhang mit dem Klimawandel stehen, aus dem Internet, Chat-GPT und der „künstlichen Intelligenz – KI" bedient.

In diesem Buch habe ich versucht, manches mit der Klimaerwärmung in Verbindung gebrachter Argumente verständlicher zu erklären. Auch bemühte ich mich, die Hintergründe und die Bedeutung von Kohlendioxid-CO_2 und den anderen Treibhausgasen in der Atmosphäre und auch die positiven Bedeutung für uns Menschen darzustellen.

Epilog

Es gibt viele Forschungsarbeiten in Bezug auf die Klimaveränderung und die Erderwärmung, welche im Internet veröffentlicht wurden. Ich habe manches teilweise sinngemäß wiedergegeben und auch verwendet. Bei einigen Textstellen, welche ich wörtlich übernommen habe und der Autor angegeben war, habe ich diesen mit Namen benannt.

Wissenschaftliche Textstellen, welche ich eingefügt habe, wurden in einer anderen Schriftart gehalten. Auch einige Fotos habe ich aus dem Internet kopiert und den Urheber angeführt. Dafür möchte ich mich herzlichst bedanken.

Danken möchte ich auch jenen Autoren, welche ihr Wissen in Wikipedia veröffentlicht und für die Allgemeinheit zur Verfügung gestellt haben.

Auch bedanken möchte ich mich bei der Lektorin, Frau OSR Dorothea Apolt, welche mir bei der Korrektur und der ersten Formgebung unterstützt hat, sowie auch bei Herrn Dr. Wilhelm Berg, welcher mir bei Grafiken und PC-Problemen geholfen hat. Auch Frau Gabriele Ganzwohl, die mich als Betreuerin vom NOVUM-Verlag unterstützt hat.

Von den Reisen in ferne Länder habe ich viele Eindrücke gewonnen. Da ich ein penibler Mensch bin, versuche ich immer, von den dortigen Bewohnern etwas über die Hintergründe und die tatsächliche Lage zu erfahren. Ich versuche mich immer in die Situation dieser Menschen hineinzudenken, um ein verständlicheres Bild zu bekommen.

Sollte ich manche Auszüge, wenn auch nur sinngemäß, aus Artikeln von Autoren verwendet haben, deren wissenschaftliche Arbeit nicht frei zu verwenden gewesen wäre, so habe ich dies nicht mit Absicht gemacht. Dafür möchte ich mich bei allen entschuldigen. Bitte betrachten Sie es so, dass Sie es waren, die für ein besseres Verstehen der Problematik der Klimaerwärmung und Klimaveränderung beigetragen haben.

Gansbach, im November 2024 Ing. Johann Pichler

Der Autor

Johann Pichler wurde 1939 in Bad
Traunstein als fünftes Kind einer
Bauernfamilie geboren und ent-
wickelte früh eine Verbindung zur
Natur. Nach der Volksschule in
Traunstein führte ihn sein Weg zur
Hauptschule in Ottenschlag, bevor er
1956 als Forstpraktikant im Wittgen-
stein'schen Forstbetrieb in Hohen-
berg die Leidenschaft für den Wald vertiefte. Zwei
Jahre später begann er die Ausbildung an der
Bundesförsterschule in Waidhofen an der Ybbs, die
er 1960 abschloss.
1962 folgte die Staatsprüfung im Forstschutz und
technischen Hilfsdienst – und mit ihr die Ver-
eidigung zur „Beeideten Wache" für Forst- und
Jagdgesetze. Im selben Jahr wechselte er zum
Stift Göttweig, wo er 1966 die Leitung des Reviers
Gansbach übernahm und zum Oberförster ernannt
wurde.
Besonders faszinierte ihn die Vielfalt der ausländi-
schen Baumarten, die er im Forstgarten heranzog
und aufforstete. Nach über vier Jahrzehnten im
Dienst der Wälder ging er 2000 in den Ruhestand.

Der Verlag

Wer aufhört besser zu werden, hat aufgehört gut zu sein!

Basierend auf diesem Motto ist es dem novum Verlag ein Anliegen, neue Manuskripte aufzuspüren, zu veröffentlichen und deren Autoren langfristig zu fördern. Mittlerweile gilt der 1997 gegründete und mehrfach prämierte Verlag als Spezialist für Neuautoren in Deutschland, Österreich und der Schweiz.

Für jedes neue Manuskript wird innerhalb weniger Wochen eine kostenfreie, unverbindliche Lektorats-Prüfung erstellt.

Weitere Informationen zum Verlag und seinen Büchern finden Sie im Internet unter:

www.novumverlag.com